BIM技术应用系列教材
南昌大学本科教材资助项目

# 桥梁工程Revit建模基础教程

胡峰强  编著

人民交通出版社股份有限公司
北京

## 内 容 提 要

本书为BIM技术应用系列规划教材。全书主要内容由Revit建模基础和桥梁建模实例两部分组成：第一部分主要讲解Revit的基本功能和基础操作，包括BIM基本理论、Revit软件、基准图元、族、概念体量、钢筋、渲染和漫游、出图，共八章；第二部分主要是将第一部分的内容运用到桥梁建模中，将Revit软件与桥梁工程相结合，包括桥梁上部结构的创建、桥梁下部结构的创建、桥面系的创建、桥梁构件中普通钢筋的创建、桥梁预应力筋的创建、桥梁构件的拼装，共六章。

本书适合指导初学者学习并运用Revit软件创建桥梁模型，可作为高等院校、职业院校桥梁类专业的相关课程教材，还可以作为广大从事桥梁工程技术研究人员的培训用书及学习参考书。

本书有配套教学课件，教师可通过加入桥梁工程课群教学研讨QQ群(教师专用QQ138253421)获取。

**图书在版编目(CIP)数据**

桥梁工程Revit建模基础教程/胡峰强编著. —北京：人民交通出版社股份有限公司,2023.11
ISBN 978-7-114-19037-7

Ⅰ.①桥… Ⅱ.①胡… Ⅲ.①桥梁工程—计算机辅助设计—应用软件 Ⅳ.①U44-39

中国国家版本馆CIP数据核字(2023)第201548号

Qiaoliang Gongcheng Revit Jianmo Jichu Jiaocheng
书　　名：桥梁工程Revit建模基础教程
著 作 者：胡峰强
责任编辑：刘　倩
责任校对：孙国靖　刘　璇
责任印制：刘高彤
出版发行：人民交通出版社股份有限公司
地　　址：(100011)北京市朝阳区安定门外外馆斜街3号
网　　址：http://www.ccpcl.com.cn
销售电话：(010)59757973
总 经 销：人民交通出版社股份有限公司发行部
经　　销：各地新华书店
印　　刷：北京建宏印刷有限公司
开　　本：787×1092　1/16
印　　张：14.75
字　　数：337千
版　　次：2023年11月　第1版
印　　次：2024年6月　第2次印刷
书　　号：ISBN 978-7-114-19037-7
定　　价：45.00元

(有印刷、装订质量问题的图书,由本公司负责调换)

# 前言

　　随着21世纪初BIM技术引入我国，其推广应用被视为建筑业的第二次革命。在BIM技术以及相关软件不断发展的同时，BIM技术的应用也越来越广泛。

　　BIM技术最早主要应用于建筑工程领域。桥梁作为交通工程的节点，在工程项目建设中占据极为重要的地位。近年来，随着桥梁建设项目数量的不断增加，BIM技术也逐渐应用到桥梁实际建设中，辅助桥梁设计与施工人员完成桥梁建设工程，大幅度地减少了桥梁建设中的安全隐患，提高了桥梁建设的施工质量。因此，研究BIM技术在桥梁设计和施工领域的应用、探索应用BIM技术更好地进行施工模拟的方法以指导设计和施工，对提高工程质量和项目管理效率非常必要。Revit软件是BIM系列软件中应用最广的软件之一。

　　由于Revit软件界面更为符合建筑工程专业习惯，且国内相关教程也以建筑工程专业方面居多，而以桥梁工程专业知识为基础的相关书籍较少，所以推出Revit在桥梁工程中的应用教程。

　　由于编者的水平有限，书中难免有疏漏和错误之处，敬请读者批评指正。

编者<br>
2023年6月

# 目录

## 第一部分　Revit 建模基础

**002　【第一章】　BIM 基本理论**
　002│第一节　认识 BIM
　006│第二节　BIM 核心建模软件体系
　008│第三节　CAD 与 Revit 的本质区别

**010　【第二章】　Revit 软件**
　010│第一节　Revit 简介
　011│第二节　软件操作界面介绍

**019　【第三章】　基准图元**
　019│第一节　新建项目
　021│第二节　基本绘制
　023│第三节　基本编辑
　027│第四节　标高
　031│第五节　轴网
　034│第六节　案例实操
　039│第七节　课后练习

**041　【第四章】　族**
　041│第一节　族概述

# 目 录

041 | 第二节　族的分类
042 | 第三节　族编辑器
050 | 第四节　三维几何形体的创建
057 | 第五节　族在项目中的调用
058 | 第六节　案例实操
066 | 第七节　课后练习

067 【第五章】 概念体量
　　067 | 第一节　概念体量的基础
　　068 | 第二节　几种概念体量形式的创建
　　072 | 第三节　案例实操

076 【第六章】 钢筋
　　076 | 第一节　钢筋的设置
　　079 | 第二节　钢筋保护层的设置和创建
　　080 | 第三节　结构钢筋的创建
　　082 | 第四节　区域钢筋的创建
　　083 | 第五节　路径钢筋的创建
　　085 | 第六节　钢筋网片的创建
　　085 | 第七节　钢筋网区域的创建
　　086 | 第八节　钢筋形状及修改
　　088 | 第九节　钢筋的视图显示

089 【第七章】 渲染和漫游
　　089 | 第一节　渲染外观
　　096 | 第二节　渲染操作
　　102 | 第三节　漫游

109 【第八章】 出图
　　109 | 第一节　平面、立面、剖面视图

# 目 录

113 | 第二节　默认三维视图
114 | 第三节　尺寸标注
121 | 第四节　文字注释
123 | 第五节　图纸

## 第二部分　桥梁建模实例

128 【第九章】　桥梁上部结构的创建
　　128 | 第一节　用 Revit 软件创建不同截面形式的桥梁上部结构模型
　　129 | 第二节　预制小箱梁模型的创建
　　139 | 第三节　变截面连续箱梁的参数化建模

149 【第十章】　桥梁下部结构的创建
　　149 | 第一节　桥墩的创建
　　159 | 第二节　桥台的创建

170 【第十一章】　桥面系的创建
　　170 | 第一节　桥面铺装及人行道板的创建
　　171 | 第二节　栏杆的创建
　　173 | 第三节　防撞护栏的创建

176 【第十二章】　桥梁构件中普通钢筋的创建
　　176 | 第一节　桥墩钢筋的创建
　　188 | 第二节　桥台钢筋的创建
　　192 | 第三节　箱梁钢筋的创建
　　201 | 第四节　桥面、人行道钢筋的创建
　　205 | 第五节　护栏钢筋的创建

## 目 录

**208 【第十三章】 桥梁预应力筋的创建**

208 │ 第一节 预应力筋的介绍
208 │ 第二节 箱梁顶板横向和腹板竖向预应力筋的创建
209 │ 第三节 预应力钢束的创建

**216 【第十四章】 桥梁构件的拼装**

216 │ 第一节 桩柱式桥墩和桩基肋板式桥台的放置
220 │ 第二节 箱梁的拼接
223 │ 第三节 桥面、栏杆的拼接
225 │ 第四节 全桥的拼接

**228 【参考文献】**

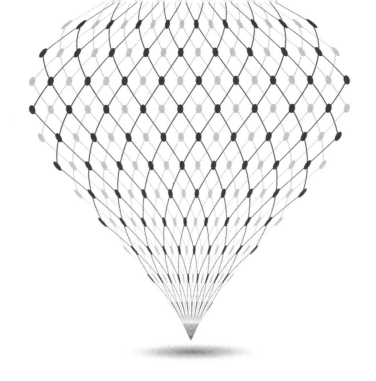

# 第一部分

# Revit建模基础

# 第一章

# BIM基本理论

## 第一节 认识 BIM

### 一、BIM 概述

BIM 是 Building Information Model 或 Building Information Modeling 的缩写,即建筑信息模型。《建筑信息模型应用统一标准》(GB/T 51212—2016)将 BIM 定义为:在建设工程及设施全生命期内,对其物理和功能特性进行数字化表达,并依此设计、施工、运营的过程和结果的总称。BIM 是由 Autodesk 公司提出的一种新的流程和技术,是整个建筑信息领域三维数字化新技术,是支持工程信息管理的最强大的工具之一。

为更好地理解 BIM,须了解如下几点:

(1)BIM 不等同于三维模型,也不仅仅是三维模型和建筑信息的简单叠加。虽然称 BIM 为建筑信息模型,但 BIM 实质上更关注的不是模型,而是蕴藏在模型中的建筑信息,以及如何在不同的项目阶段由不同的人来应用这些信息。三维模型只是 BIM 比较直观的一种表达方式而已。图 1-1 所示为桥梁 BIM 模型。

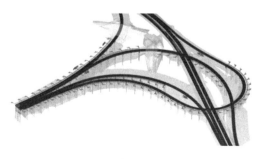

图 1-1　桥梁 BIM 模型

(2)BIM 不是一个具体的软件,而是一种流程和技术的总称。BIM 的实现需要依赖多种(而不是一种)软件产品的相互协作,如图 1-2 所示。有些软件适用于创建 BIM 模型(如 Revit),而有些软件适用于对模型进行性能分析(如 Ecotect)或者施工模拟(如 Navisworks),还有一些软件可以在 BIM 模型基础上进行造价概算或者设施维护,等等。换句话说,一种软件功能作用是有限的,各软件应该能够依据 BIM 的理念进行数据交换,以支持 BIM 流程的实现。

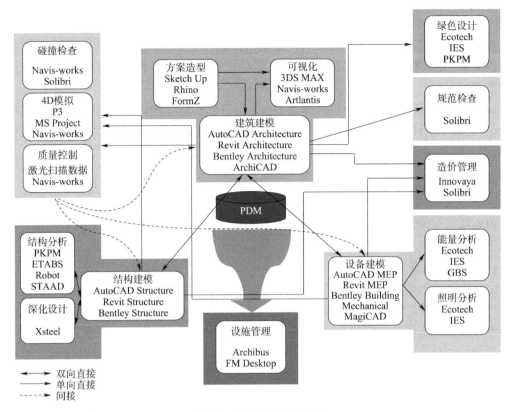

图 1-2　BIM 软件的相互协作

（3）BIM 不仅仅是一种设计工具，更确切地说，BIM 不是一种画图工具，它体现了一种先进的项目管理理念及实现方法。BIM 的目标是在整个建筑项目周期内整合各方信息，优化方案，减少错误，降低成本，最终提高建筑物建设管理的可持续性。BIM 的全生命周期流程如图 1-3 所示。

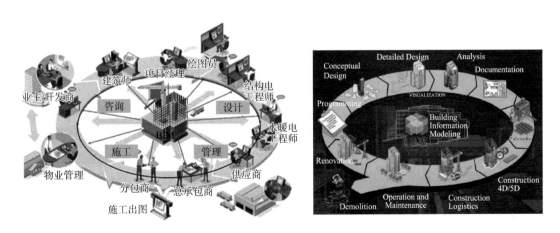

图 1-3　BIM 的全生命周期流程

（4）BIM不仅是一个工具的升级，而且是整个建筑业建设管理流程的一次革命。BIM的应用不仅会改变项目设计工作模式，也将改变建设单位、设计单位和施工单位工作管理模式。在BIM技术支撑下，设计单位能够对建筑的性能有更多的掌控，而建设单位和施工单位也可以更多、更早地参与到项目设计流程中，以确保多方协作创建更好的设计，满足建设单位的需求。

BIM可以将设计、施工和项目管理等所有工程信息整合在统一的数据库中，它可以提供一个平台，保证从设计、施工到运营的全过程协调工作，使基于三维平台的精细化管理成为可能。

## 二、BIM的特点

BIM技术与传统的软件如绘图软件、工程造价软件等相比，有着自己独特的优势，可以归纳为以下几点。

（1）模型的信息化

组成建筑物的基本构件，包括梁、柱等，作为可操作的等基本对象，均包含完整的工程信息，如构件的名称和类型编号等"身份"信息，几何尺寸、建筑材料、结构类型等物理信息，构件强度、延性、耐久性等功能信息，生产商、施工阶段、工程量、构件成本等施工信息，以及后期运营维护信息等。BIM的信息既要包含建筑本身的空间数据信息，也要包含其使用年限内的行为信息，两者有机结合方能更好地模拟真实世界中的建筑。

（2）模型的可视化

BIM技术提供了可视化的思路，可实现建筑的三维实体模型构筑，即"所见即所得"。在设计阶段，为建筑师提供更加直观的艺术表现效果，提高结构设计人员的绘图效率，将设计模式从以往的二维设计—三维想象—二维出图，转变为三维设计—三维出图；在施工阶段，可视化的施工动画模拟，三维碰撞检查，有利于施工人员提前理解施工方案，避免可能产生的问题，缩短工期；在管养阶段，结构物的实时性能状态可直接展示在三维模型中，专业人员能有效监控可能产生缺陷的构件，提前发现，及时处理。图1-4所示为桥梁三维效果图。

图1-4 桥梁三维效果图

（3）模型的参数化

BIM模型中的构件并不是相互独立的，而是相互间存在约束拓扑的关系，同时，模型中的构件也是以不同的参数来描述的。也就是说，项目模型将和数据库紧密关联，模型中的任何信息，都能通过数值精确体现。例如，简单的箱梁构件可视为箱梁截面在直线方向上的空间放样，可通过高、宽、放样长度及空间方向等参数来描述。因此，设计人员可通过定义或更改构件的参数，对三维模型进行创建、调整，参数化实现全模型构件的联动，即在合理的构件间逻辑关系约束下，三维模型可自动完成参数化后的变更。

(4)模型信息的标准化

为实现建筑信息在不同 BIM 软件间的共享,BIM 的数据形式必须是开放交互的。1997 年,国际协同联盟(Industry Alliance for Interoperability,IAI)发布了工业基础分类标准 IFC (Industry Foundation Classes),其实质为面向对象的三维建筑产品数据标准。经过多年的改进和发展,目前 IFC 已成为 BIM 软件中主流的标准,可支持建筑全生命周期的数据共享和转换,当 BIM 软件采用 IFC 格式进行数据输出时,其他支持该协议标准的软件就可以直接读取这些数据,避免因格式不统一而导致的数据丢失或错误。

(5)模型的协同化

在 IFC 标准的支持下,同一工程项目内的不同工种、不同专业的技术人员可实现协同作业,这也是 BIM 的初衷。在设计阶段,各专业人员可实现模型、文件及数据的交互,加强沟通联系,减少由于信息闭塞所造成的错误,极大提高工作效率;而在施工、运营阶段,项目业主、设计方、施工方、监理方、厂商及项目的其他相关各方,可通过三维模型进行更为直观的交互沟通,促进理解,减少指令变更次数,从而缩短工期。

(6)模型的直观性

BIM 通过对建筑物进行可视化展示、协调、模拟和优化以后,可以帮助用户输出图纸,而其中的立体效果是传统 CAD 出图方式无法比拟的。通过图 1-5 可以看出立体图更加直观。

图 1-5　某桥立体图

## 三、BIM 的应用

我国对 BIM 的研究起步较晚,但通过大量学者和相关领域工作者的不懈努力,同时吸取国外先进经验,我国在 BIM 领域也取得了丰硕的成果。不可否认,BIM 在我国如雨后春笋般的蓬勃发展,离不开国家政策的大力支持。

在国家的大力推动下,各地方政府也积极出台了诸多推动 BIM 发展的有利政策:2014 年 10 月,上海市人民政府办公厅转发上海市城乡建设和管理委员会《关于在本市推进建筑信息模型技术应用的指导意见》。2016 年 4 月 15 日,重庆市城乡建设委员会发布《关于加快推进建筑信息模型(BIM)技术应用的意见》,其中提到四个关键的时间点:2017 年起,本市建筑面积 3 万平方米以上的单体公共建筑在设计阶段必须采用 BIM 技术;2018 年起,大型道路、桥梁、隧道工程,三层及以上的立交工程,在勘察、设计阶段必须采用 BIM 技术;2019 年起,轨道交通站点工程在勘察、设计阶段应采用 BIM 技术;2020 年起,以国有投资为主的大型房屋建筑工程,轨道交通工程,大型道路、桥梁、隧道工程,三层及以上的立交工程,全市所有公共建筑,申报金级、铂金级绿色建筑标识的居住建筑和绿色生态住宅小区,申报市级优秀勘察设计、工程质量奖项的工程,在勘察、设计、施工阶段应采用 BIM 技术。

与此同时,BIM 相关标准的制定也在紧锣密鼓地进行中。五部国家级 BIM 标准:《建筑信息模型应用统一标准》《建筑信息模型储存标准》《建筑工程设计信息模型交付标准》《建筑信息模型分类和编码标准》《制造工业工程设计信息模型应用标准》也在 2012 年 1 月,由住建部牵头编制。住房城乡建设部于2016年12月2日发布国家标准《建筑信息模型应用统一标准》(GB/T 51212—2016);2017年5月4日批准发布了国家标准《建筑信息模型施工应用标准》(GB/T 51235—2017);2018年12月16日发布国家标准《建筑信息模型设计交付标准》(GB/T 51301—2018)。交通运输部于2017年1月22日印发《推进智慧交通发展行动计划(2017—2020年)》的通知,推进BIM技术在重大交通基础设施项目全生命周期的应用;2017年12月19日印发《关于推进公路水运工程BIM技术应用的指导意见》,决定在公路水运工程中大力推广运用BIM技术。

同时在工程实践领域,BIM技术也发挥了极大的作用。诸如2008年奥运会主场馆之一的水立方,利用BIM技术解决了建筑的能源可持续利用问题。总高度达632m的上海中心大厦建设时,利用BIM技术解决了建筑结构主体由于大厦塔楼采用螺旋双曲面玻璃幕墙而带来的复杂曲面的平面定位问题。上海世博会中国馆的设计建造,则利用BIM技术解决了复杂构件的工程量精确计算和施工阶段造价管理问题。南京青奥会议中心则运用BIM的碰撞检查技术解决了管线设计问题。而BIM的3D可视化技术,则在慈溪大剧院方案设计的优化及最终确定中起到了决定性的作用。

在桥梁工程领域,2015年1月北京三元桥整体换梁工程作为目前国内最为成功的桥梁工程BIM案例引起了全世界的关注。始建于1984年的三元桥地处北京东北部,三环与京顺路两大城市干线在此交汇,是重要的交通枢纽。其换梁工程中的主要挑战并不在传统技术上,而在工程本身对社会、交通等多方面造成的客观影响上。为缩短工程时间,控制工程质量,降低工程影响,北京市市政工程设计研究总院有限公司桥梁专业总工程师秦大航果断将BIM技术运用到工程中,采用了虚拟设计模拟、双北斗卫星定位、激光寻迹等新技术,让两辆"千吨级驮运架一体机"协同工作,将误差控制在2cm内。更让人震惊的是,整个换梁施工过程仅花费了43h。三元桥换梁工程是一个典型BIM案例,证实了BIM确有提高效率、降低成本、控制工期、增强协同的功能,同时也对城市交通节点工程的具体施工有重大的借鉴价值与指导意义。

## 第二节 BIM核心建模软件体系

从图1-6中可以知道BIM核心建模软件主要有以下四种:

(1)Revit建筑、结构、机电系列是Autodesk公司的BIM软件,针对特定专业的建筑设计和文档系统,支持所有阶段的设计和施工图纸,从概念性研究到详细的施工图纸和明细表。Revit平台的核心是Revit参数化更改引擎,它可以自动协调在任何位置(比如在模型视图或者图纸、明细表、剖面图、平面图中)所做的更改。这也是在我国普及最广的BIM软件之一。实践证明,它确实大大提高了设计的效率。其优点是普及性强,操作相对简单,在民用建筑市场借助Autodesk的天然优势,有相当不错的市场表现。

(2)Bentley建筑、结构、设备系列在工业设计(石油、化工、电力、医药等)和基础设施(道路、桥梁、市政、水利等)领域有无可争辩的优势。

(3)2007年,Nemetschek收购Graphisoft以后,ArchiCAD/ALLPLAN/Vectorworks三个产品就被归到同一系列了,其中国内同行最熟悉的是ArchiCAD,它属于一个面向全球市场的产品,也可以说是最早的一个具有市场影响力的BIM核心建模软件,但是在中国由于其专业配套功能(仅限于建筑专业)与多专业一体的设计院体制不匹配,很难实现业务突破。Nemetschek的另外两个产品,ALLPLAN主要市场在德语区,Vectorworks则是在美国市场使用的产品名称。

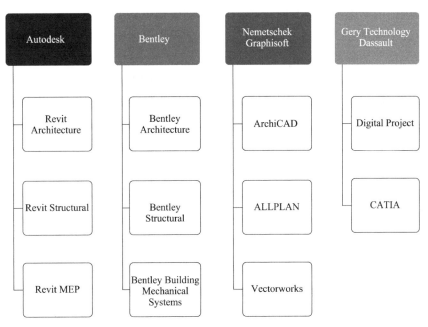

图1-6 BIM核心建模软件

(4)Dassault公司的CATIA是全球最高端的机械设计制造软件,在航空、航天、汽车等领域具有接近垄断的市场地位,应用到工程建设行业中时,无论是对复杂地形还是超大规模建筑,其建模能力、表现能力和信息管理能力都比传统的建筑类软件具有明显优势,而与工程建设行业的项目特点和人员特点的对接问题则是其不足之处。Digital Project是Gery Technology公司在CATIA基础上开发的一个面向工程建设行业的应用软件(二次开发软件),其本质还是CATIA,就跟天正软件的本质是AutoCAD一样。

因此,对于一个项目或企业BIM建模软件技术路线的确定,可以考虑如下原则:

①民用建筑用Autodesk Revit。

②工业设计和基础设施用Bentley。

③单专业建筑事务所选择ArchiCAD、Revit、Bentley,都可能成功。

④项目完全异形、预算比较充裕的可以使用Digital Project或CATIA。

当然,除了上面介绍的情况外,业主和其他项目成员的要求以及市场环境等也是在确定BIM核心建模软件技术路线时需要考虑的重要因素。

## 第三节　CAD 与 Revit 的本质区别

　　CAD 在 20 世纪乃至现今都是建筑项目绘图的最佳工具之一,它在二维平面图时代有着不可比拟的优势。其除了绘制图纸之外还可以设计文档甚至进行 3D 设计。近些年,随着 BIM 概念在国内的迅速普及和发展,其相关软件的应用也备受关注,其中 Autodesk 公司的 Revit 系列软件是目前最为常用的 BIM 软件之一,它可以迅速建立 3D 模型,实现构件参数化以及项目中文件共享和重复应用,提高设计效率。

　　(1)在内涵上,CAD 软件是在 2D 建模基础上兼顾 3D 模型,其还是以 2D 建模绘图为主,在实际应用中还需要类似于剖面图、透视图、详图等的相互配合,才能看清楚项目整体。而且 CAD 就是一款软件的名称,其所包含的 MEP、Architecture 都是其插件。而 Revit 虽然也是一款软件的名称,但是它是符合 BIM 集成的概念,旗下包含了 MEP、Architecture 等专用软件。

　　(2)在布置上,CAD 因为是基于 2D 方式绘图,只能在单一的视图内进行建筑构件的绘制、定位等,再基于此生成 3D 模型。而 Revit 可以直接从项目的平面、立面、剖面等进行多角度、多维度的视图绘制及构件布置,这样就可根据多重尺寸进行精确定位,从而生成准确无误的整体模型。

　　(3)在关联度上,CAD 模型在修改的时候要在平面图上更新,由设计人员手动更新,不能自动更新,增加了工作量。而 Revit 具备了 BIM 软件的强大联动能力,为了保证模型的统一,在设计人员或其他人员对项目构件的数据信息进行修改或者位置发生变动的时候,与之相关的视图中的构件都会发生变化,例如对墙体高度进行调整,门窗的尺寸也会随之变化。这样就大大减少了设计人员的工作量,降低了工作难度,提高了效率,保证了模型中参数一致。

　　(4)在断面视图上,CAD 中的断面视图往往是整体模块式,只能看不能动,无法编辑,非常不便。Revit 可以将断面视图活化且自动生成,并且对断面上的构件或者信息可以根据需求随意隐藏或者添加,同时通过关联性其他视图也可以自动更新。

　　(5)在参数化上,Revit 的参数化可以说是体现 BIM 概念的一大亮点。而其中族就是展现参数化的媒介。通过参数化设计可以对项目的设备、构件进行定位,能够根据项目的需求变换模型外观样式。同时,对相应建筑文档的参数进行修改就可以得到理想的模型文件,不需要重新绘制,方便设计人员存储与调用。而 CAD 在这方面相对较差,只能根据特性进行简单的大小变化。

　　(6)在设备制作上,Revit 具有丰富的设备模型或者样板及实用的 3D 建模能力,可以根据项目各方的需求或者实际工作制作出项目设备。而 CAD 的设备都是在绘制前期就制定好的,无法自行设计,一旦发生变更或者调整,只能重新编制。

　　CAD 时代众多专业各自工作,工作流线交错复杂,重复工作量大,错漏碰缺,设计变更难以避免。

BIM时代提供协同工作平台,工作流线有序简洁,综合信息共享,模型唯一,实体与设计成果一致。

下面是CAD时代与BIM时代软件特点对比图(图1-7):

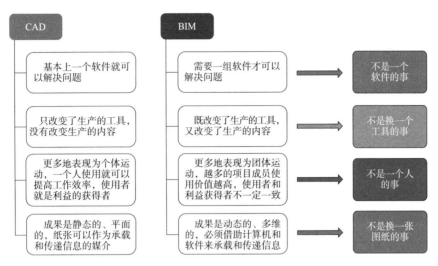

图1-7 CAD时代和BIM时代软件特点的对比

# 第二章

# Revit软件

## 第一节　Revit 简介

### 一、Revit 概述

Revit 是 Autodesk 公司的一套系列软件的名称。Autodesk Revit 软件专用于构建建筑信息模型(BIM)。通过采用 BIM,不只"建设公司"可以在整个项目流程中使用一致的信息来设计创新项目和绘制立体图,还可以通过精确实现建筑外观的可视化来支持项目各方更好地沟通,模拟真实性能以便项目各方了解成本、工期与环境影响。

### 二、Revit 应用特点

(1)Revit 模型中,所有的图包括平面视图、三维视图和明细表都建立在同一个建筑信息模型的数据库中,它可以收集建立在建筑信息模型中的所有数据,并可以协调其他表现形式的项目信息,以便实现模型的参数化(参数化是指可以在模型中通过设置参数的形式建立各个建筑结构图元之间的关系)。Revit 的绘图方式是基于 BIM 技术的三维模型,模型和图纸之间有着紧密的关联性,一方修改,另一方会自动修改,使建筑施工图图纸文档的生成和修改维护简单方便,节省了大量的人力和时间。

(2)Revit 具有结构设计和结构建模的功能,可以将复杂材质的物理模型和单独的可编辑模型进行集成,更重要的是为常用的结构分析软件提供了双向连接的可编程接口,也就是它拥有强大的应用程序编程接口(API)功能。这样,它既能在建筑结构施工前进行模型的可视化,还可以在早期的设计阶段制定部分更加明确的决策,最大限度地减少建筑结构设计中的错误,也能加强建筑项目中各个团队之间的合作。

(3)建筑结构工程师将 Revit 软件作为结构建模工具,提供给链接分析和计算软件所用,这样就节省了学习多种建模工具的时间,而把更多的时间用在结构设计上,在建模的过程中它还有利于提高用户在工程中的洞察力。如:Revit软件在把模型发送给分析工具之前,可以自动检测分析工具中不支持的结构元素,或模型的局部不稳定性,以及结构框架的一些反常等。

(4)在Revit的BIM系列软件中,Revit Structure是其中处理与结构相关的组件并链接结构分析程序的模块,可以支持多工种工作方式。首先,建筑结构设计师和绘图师都可以在此软件中创建模型;其次,建筑结构工程师可以在此模型中加入荷载、荷载组合、约束条件以及一些材料属性来完善模型;最后,可对整个模型进行分析和更改,进一步完成模型的建立。

(5)Revit软件提供了建筑结构模型所需的大部分建筑图元,这类构件以结构构件的形式出现。此软件也允许用户通过自定义"族(family)"(族类似于几何图形的一个编组)设计结构构件,可以使结构设计师灵活地发挥创意。

(6)Revit软件实现协同设计的前期准备工作主要包括:多工种专业间协同模式的选择;准备一些适应多工种的视图环境和模板文件;设计适合多工种协同的族库。

## 第二节　软件操作界面介绍

在学习Revit软件之前,首先要了解Revit的启动和操作界面。

双击桌面的Revit软件快捷启动图标,系统将打开图2-1所示的软件启动界面。

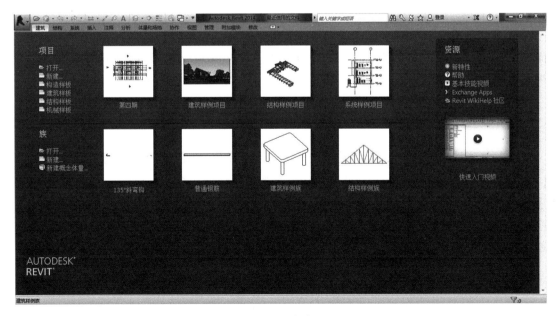

图2-1　Revit启动界面

单击图2-1所示启动界面中的【打开】按钮,选择【最近使用的文件】,或者单击【项目】

选项中的【新建】按钮,选择一个样板文件,并单击【确定】按钮,即可进入 Revit 操作界面,效果如图 2-2 所示。

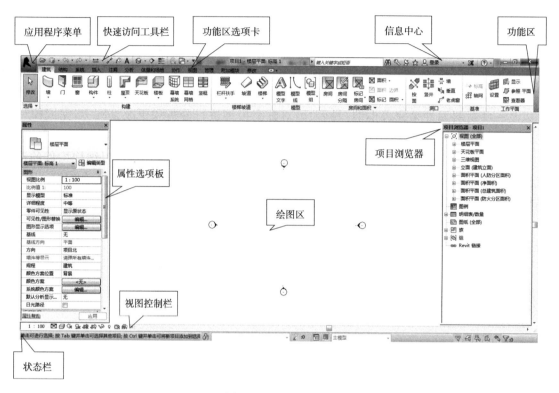

图 2-2　Revit 操作界面

Revit 操作界面是执行显示、编辑图形等操作的区域,也称主界面。完整的 Revit 操作界面,包括快速访问工具栏、应用程序菜单、功能区选项卡、属性选项板、项目浏览器、绘图区、视图控制栏和状态栏等。

## 一、应用程序菜单

单击主界面左上角图标,系统将展开应用程序菜单,如图 2-3 所示。该菜单中提供了【新建】、【打开】、【保存】、【另存为】和【导出】等常用文件操作命令。在该菜单的右侧,系统还列出了最近使用的文档名称,用户可以快速打开近期使用过的文件。此外,若单击图 2-3 应用程序菜单中右下角的【选项】按钮,系统将打开【选项】对话框,用户可以进行相应的参数设置,如图 2-4 所示。

## 二、项目浏览器

单击图 2-5 功能区中的【视图】对话框,再单击右侧【用户界面】,出现图 2-6 所示对话框。勾选【项目浏览器】,将出现项目浏览器对话框,如图 2-7 所示。

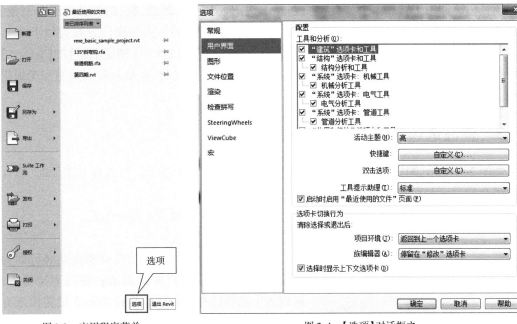

图 2-3 应用程序菜单　　　　　图 2-4 【选项】对话框之一

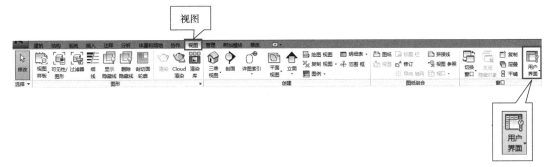

图 2-5 功能区

图 2-6 【用户界面】对话框　　图 2-7 【项目浏览器】对话框

项目浏览器用于管理整个项目中所涉及的视图、明细表、图纸、族、组和其他部分对象。项目浏览器呈树状结构,各层级可展开和折叠。项目浏览器的形式和操作方式类似于 Windows 的资源管理器,双击视图名称即可打开视图,例如双击图 2-7 中【楼层平面】的【标高 1】即可打开所需要的标高 1 视图;选择视图名称右击即可找到复制、重命名和删除等视图编辑目录。

### 三、属性选项板

如图 2-6 所示,勾选【属性】将出现属性选项板,如图 2-8 所示。当选择某图元时,属性选项板会显示该图元的类型和属性参数等。

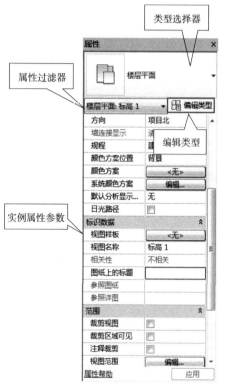

图 2-8 属性选项板

该选项板主要由以下 4 部分组成。

(1)类型选择器

属性选项板上面一行的预览框和类型名称即为图元类型选择器。用户可以单击右侧的下拉箭头,从列表中选择已有的合适的构件类型直接替换现有类型,而不需要反复修改图元参数。

(2)实例属性参数

属性选项板下面的各种参数列表框显示了当前选择图元的各种限制条件类、图形类、尺寸标注类、标识数据类、阶段类等实例参数及其值。用户可以方便地通过修改参数值来改变当前选择图元的外观尺寸等。

(3)属性过滤器

类型选择器的正下方是属性过滤器,该过滤器用来标识将由工具放置的图元类别,或者标识绘图区域中所选图元的类别和数量。如果选择了多个类别或类型,则选项板上仅显示所有类别或类型共有的实例属性。当选择了多个类别时,通过过滤器的下拉列表可以仅查看特定类别或视图本身的属性。选择特定类别不会影响整个选择集。

(4)【编辑类型】按钮

单击该按钮,系统将打开【类型属性】对话框,如图 2-9 所示。用户可以复制、重命名对象类型,并可以通过编辑其中的类型参数值来改变与当前选择图元同类型的所有图元的外观尺寸等。

### 四、功能区

创建或打开文件时,功能区会显示。它提供创建项目或族所需的全部工具,如图 2-10 所示。

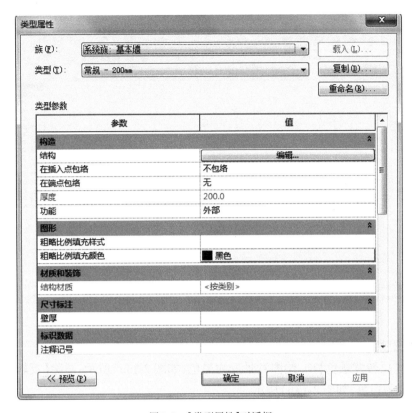

图 2-9 【类型属性】对话框

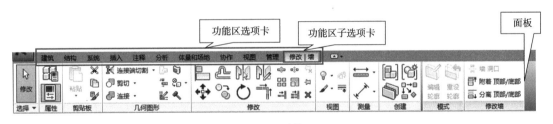

图 2-10 功能区

功能区包含功能区选项卡、功能区子选项卡和面板等部分。其中,每个选项卡都将其命令细分为几个面板进行集中管理。而当选择某图元或者激活某命令时,系统将在功能区主选项卡后添加相应的子选项卡,且该子选项卡中列出了与该图元或该命令相关的所有子命令工具,用户不必再在下拉菜单中逐级查找子命令。

## 五、绘图区

Revit 窗口中的绘图区主要用于设计操作界面,显示项目浏览器中所涉及的视图、图纸和明细表等相关内容,如图 2-11 所示。

反转绘图区背景颜色的操作如下:

(1)单击应用程序菜单按钮 ,再单击右下角的【选项】按钮(图 2-3)。

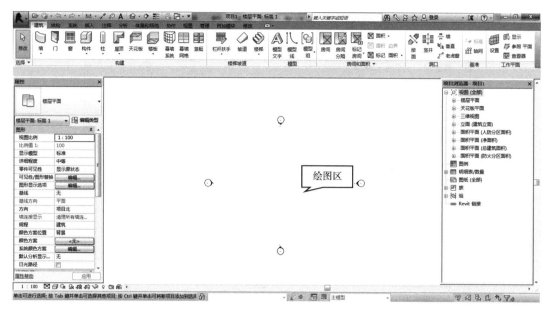

图 2-11　绘图区

（2）在【选项】对话框中单击【图形】选项卡，如图 2-12 所示。

（3）选中【反转背景色】项，绘图背景变为黑色，如图 2-13a)所示；清除【反转背景色】项，绘图背景则变为白色，如图 2-13b)所示。

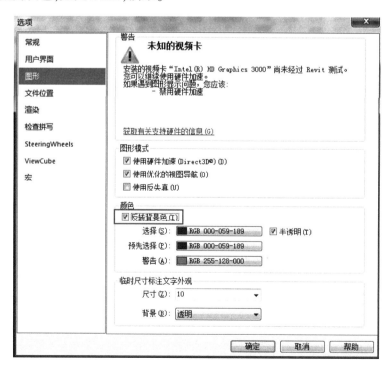

图 2-12　【选项】对话框之二

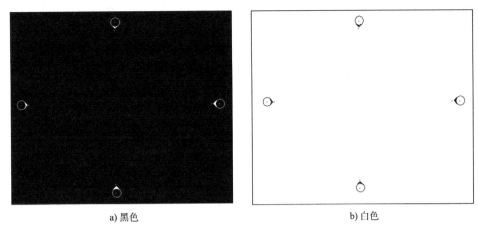

图 2-13　绘图区域的背景色

## 六、视图控制栏

视图控制栏位于操作界面底部,状态栏的上方。视图控制栏主要功能为控制当前视图显示样式,包括视图比例、详细程度、视觉样式、打开/关闭日光路径、打开/关闭阴影设置、打开/关闭视图裁剪、视图裁剪、三维视图锁定、临时隐藏、显示隐藏图元、临时视图属性,如图 2-14 所示。

图 2-14　视图控制栏

各选项说明如下:

①视图比例。视图比例是在图纸中用于表示对象的比例选项。可为项目中的每个视图指定不同比例,也可以自定义视图比例。

②详细程度。可根据视图比例设置新建视图的详细程度。而视图比例则归类于详细程度标题"粗略""中等"或"精细"下。当在项目中创建新视图并设置其视图比例后,视图的详细程度将自动根据表格中的排列进行设置。

③视觉样式。可以为项目视图指定许多不同的图形样式。视觉样式可以分为模型显示、阴影、照明、摄影曝光和背景选项。Revit 提供了线框、隐藏线、着色、一致的颜色、真实、光线追踪 6 种不同的视觉样式,通过指定视觉样式,可以控制视图颜色、阴影等要素的显示。

④打开/关闭日光路径及打开/关闭阴影设置。三维视图中投射阴影的图元要比二维视图多,因此产生的自然采光、阴影要求、被动式太阳能设计潜力和可再生能源潜力等相关信息也更多。在研究日光和阴影对建筑和场地的影响时,为了获得最佳的结果,应打开三维视图中的日光路径和阴影设置。

⑤视图裁剪。裁剪区域定义了项目视图的边界,可以在所有图形项目视图中显示模型裁剪区域和注释裁剪区域。透视三维视图不支持注释裁剪区域。

⑥三维视图锁定。三维视图锁定功能只有在三维视图状态下才可以使用,三维视图锁

定开启后,三维视图只可以缩放大小,不能随意旋转改变方向,三维视图锁定后可以在该视图对图元进行标注操作。

⑦临时隐藏。临时隐藏设置分为按图元和按类别两种方式,可以临时隐藏对象。当关闭该视图窗口后,重新打开该视图时,被临时隐藏的对象均会显示出来。

⑧显示隐藏图元。开启该功能可以显示所有被隐藏图元。在视图控制栏上,单击 (显示隐藏图元)后,"显示隐藏图元"图标和绘图区域将显示一个彩色边框,用于指示当前处于"显示隐藏图元"模式下。所有隐藏的图元都以彩色显示,而可见图元则显示为半色调。

⑨临时视图属性。启用临时视图属性,可在不影响指定视图模板的情况下临时调整视图设置。

⑩隐藏分析模型。通过隐藏分析模型可隐藏当前视图中的结构分析模型,不影响其他视图显示。

# 第三章

# 基准图元

## 第一节 新建项目

在 Revit 设计中,新建一个文件指的是新建一个"项目"文件,有别于传统 AutoCAD 中新建一个平面图或立面图等文件的概念。

### 一、新建项目文件

单击主界面左上角图标,在展开的下拉菜单中选择【新建】→【项目】,如图 3-1 所示,然后在打开的【新建项目】对话框中,单击【新建】选项组中的【项目(P)】,如图 3-2 所示,接着点击【确定】按钮,即可新建相应的项目文件。

图 3-1 应用程序菜单之一

图 3-2 【新建项目】对话框

## 二、保存项目文件

在完成图形的创建和编辑之后,用户可以将当前图形保存到指定的文件夹内。单击主界面左上角图标,在展开的下拉菜单中选择【另存为】→【项目】命令,如图 3-3 所示,系统将打开【另存为】对话框,如图 3-4 所示,此时即可输入项目文件的名称,并指定相应的路径来保存该文件。

图 3-3 应用程序菜单之二

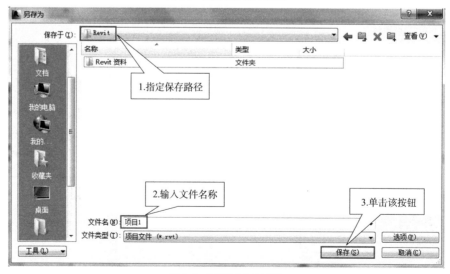

图 3-4 【另存为】对话框

在使用 Revit 软件绘图的过程中,应每隔一段时间保存一次所绘的图形,定期保存的目的是防止一些突发状况,例如错误编辑和其他一些故障,尽可能做到防患于未然。在这里用户可以设置保存间隔时间,单击主界面左上角 图标,选择右下角的【选项】按钮,在弹出的对话框中根据需要设置保存时间,如图 3-5 所示。

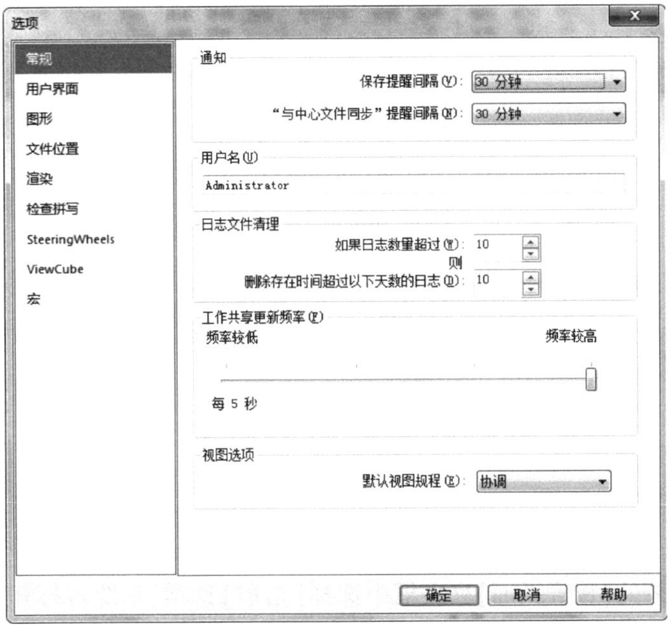

图 3-5 设置保存时间

若保存时间设置为 30min,则以后每隔 30min 软件会自动弹出图 3-6 所示对话框,单击【保存项目】,避免项目丢失或损坏。

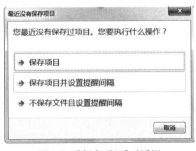

图 3-6 【保存项目】对话框

## 第二节 基本绘制

### 一、绘制平面

在 Revit 中绘制模型线时,首先需要指定相应的工作平面为绘制平面。一般情况下,系统默认的工作平面是楼层平面。若用户想要在三维视图中的建筑立面,或者直接在立面、剖面视图上绘制模型线,需要在绘制开始前进行设置。

打开一个平面视图,然后在【建筑】选项卡的【模型】选项板中单击【模型线】按钮,如图 3-7a) 所示,系统将激活并展开【修改|放置 线】选项卡,进入绘制模式,如图 3-7b) 所示。

a)【建筑|模型 模型线】选项卡

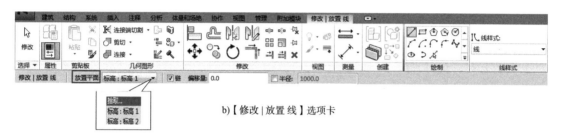

b)【修改|放置 线】选项卡

图 3-7 【模型线】选择

此时,在选项栏的【放置平面】列表框中选择【拾取】选项,系统将打开【工作平面】对话框,如图 3-8 所示。在该对话框中,用户可以分别通过【名称】、【拾取一个平面】、【拾取线并使用绘制该线的工作平面】3 种方式设置新的工作平面。

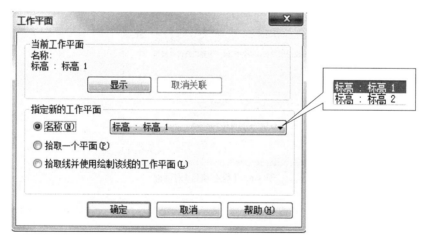

图 3-8 【工作平面】对话框

## 二、模型线

在 Revit 中,线分为模型线和详图线两种。其中,模型线是基于工作平面的图元,存在于三维空间且在所有视图中都可见;而详图线是专用于绘制二维详图的,只能在当前绘制的视图中显示。但是两种线的绘制和编辑方法完全一样,现以模型线为例介绍其具体绘制方法。

在 Revit 中打开一个平面视图,然后在【建筑】选项卡的【模型】选项板中单击【模型线】按钮,如图 3-7a)所示,系统将激活并展开【修改|放置 线】选项卡,进入绘制模式,如图 3-7b)所示。

然后,在【线样式】下拉列表框中选择所需的线样式(图 3-9),再在【绘制】选项板中单击选择相应的工具(图 3-10),即可在视图中绘制模型线。完成线图元的绘制后,按 Esc 键即可退出绘制状态。

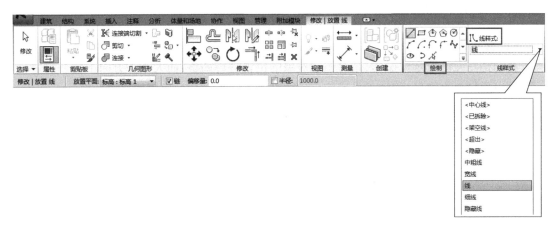

图 3-9 【线样式】列表

图 3-10 【绘制】选项板

## 第三节 基本编辑

### 一、删除和恢复命令类

可以通过使用鼠标或快捷键的方式进行删除,操作步骤为选择一个或多个图元后,使用 Delete 或 Backspace 键,即可将所选对象删除;也可以在选择对象后,单击鼠标右键,然后执行【删除】命令进行删除操作。

【放弃】命令可通过快捷键 Ctrl + Z 或者在快速访问工具栏中单击【放弃】按钮来执行,如图 3-11 所示。

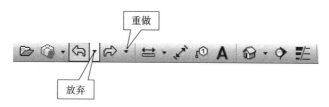

图 3-11 【放弃】按钮

## 二、移动和旋转

(1) 移动

移动是图元的重定位操作,是对图元对象的位置进行调整,而大小和方向不变。

可以通过单击拖曳、移动工具或使用快捷键 MV 对图元进行相应的移动操作。

使用移动工具的操作步骤:选择需要移动的对象,单击【修改】选项卡,在【修改】面板内单击"移动"按钮,如图 3-12 所示。

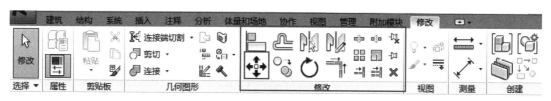

图 3-12 【修改│移动】按钮

(2) 旋转

使用旋转工具可使图元围绕轴网旋转到指定的位置或指定的角度。

选择需要旋转的对象,单击【修改】选项卡,在【修改】面板内单击"旋转"按钮,如图 3-13 所示,或直接使用快捷键 RO,即可执行旋转操作。

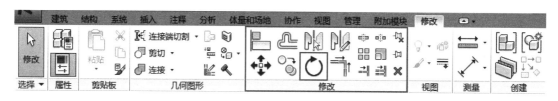

图 3-13 【修改│旋转】按钮

## 三、复制、偏移、镜像和阵列

(1) 复制

使用复制工具可以对选定的图元进行拖曳或将图元移动到指定的位置。

选择需要复制的对象,单击【修改】选项卡,在【修改】面板内单击"复制"按钮,如图 3-14 所示,或直接使用快捷键 CO,即可执行复制操作。

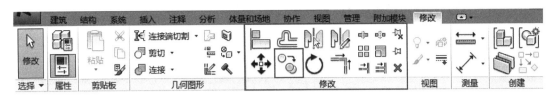

图3-14 【修改｜复制】按钮

（2）偏移

使用偏移工具可以将选定模型线、详图线、墙或梁等对象在与其长度垂直的方向移动指定的距离。

选择需要偏移的对象，单击【修改】选项卡，在【修改】面板内单击"偏移"按钮，如图3-15所示，或直接使用快捷键OF，即可执行偏移操作。

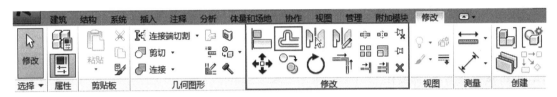

图3-15 【修改｜偏移】按钮

（3）镜像

使用镜像工具可翻转选定图元，或者生成图元的一个副本并反转其方向。

①镜像-拾取轴。

选择需要镜像的某图元后，单击【修改】选项卡，在【修改】面板内单击"镜像-拾取轴"按钮，如图3-16所示，然后在平面视图中选取相应的轴线作为镜像轴，或直接使用快捷键MM，即可执行镜像操作。

②镜像-绘制轴。

选择要镜像的某图元后，在激活展开的相应选项卡中单击"镜像-绘制轴"按钮，如图3-16所示，然后在平面视图中的相应位置依次单击捕捉两点绘制一轴线作为镜像轴即可，或直接使用快捷键DM，即可执行镜像操作。

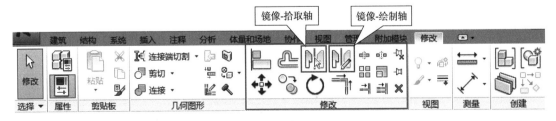

图3-16 【修改｜镜像】按钮

（4）阵列

通过阵列工具，可以创建一个或多个图元的多个相同实例。

选择需要阵列的对象，单击【修改】选项卡，在【修改】面板内单击"阵列"按钮，如

图 3-17 所示，或直接使用快捷键 AR，即可执行阵列操作。

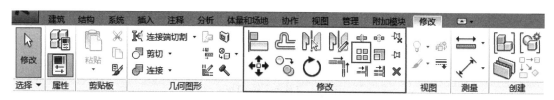

图 3-17 【修改│阵列】按钮

## 四、修剪/延伸和拆分

（1）修剪/延伸

在 Revit 中，有 3 种工具可修剪或延伸相应的图元对象，分别为修剪/延伸为角、修剪/延伸单个图元、修剪/延伸多个图元。使用时根据需要进行选择。

①修剪/延伸为角。

在【修改】选项卡中单击"修剪/延伸为角"按钮，如图 3-18 所示，或直接使用快捷键 TR，即可执行修剪/延伸操作。

②修剪/延伸单个图元。

利用该工具可以通过选择相应的边界修剪或延伸单个图元。在【修改】选项卡中单击"修剪/延伸单个图元"按钮，如图 3-18 所示，然后在平面视图中选择相应的边界图元，并依次单击选择要修剪和延伸的图元即可。

③修剪/延伸多个图元。

利用该工具可以通过选择相应的边界修剪或延伸多个图元。在【修改】选项卡中单击"修剪/延伸多个图元"按钮，如图 3-18 所示，然后在平面视图中选择相应的边界图元，并依次单击选择要修剪和延伸的图元即可。

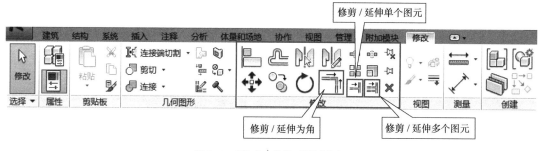

图 3-18 【修改│修剪/延伸】按钮

（2）拆分

通过拆分工具，可将图元分割为两个单独的部分。拆分有两种工具，分别为拆分图元和用间隙拆分。

①拆分图元。

在【修改】选项卡中单击"拆分图元"按钮，并不启用选项栏中的【删除内部线段】复选框,然后在平面视图中的相应图元上单击,如图 3-19 所示,或直接使用快捷键 SL,即可将其拆分为两部分。

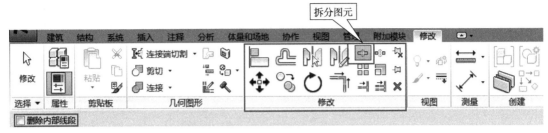

图 3-19 【修改│拆分图元】按钮

②用间隙拆分。

在【修改】选项卡中单击"用间隙拆分"按钮 ,并在选项栏中的【连接间隙】文本框中设置相应的参数,然后在平面视图中的相应图元上单击选择拆分位置,即可为设置的间隙距离创建一个缺口,如图 3-20 所示。

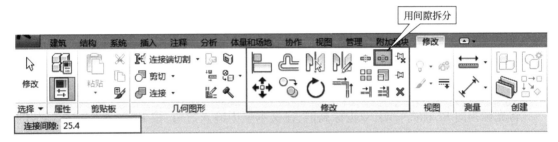

图 3-20 【修改│用间隙拆分】按钮

## 第四节 标高

标高是模型创建的基础,它的准确程度直接决定了各个专业间的协调性,也是各个专业间模型交换的主要标准。标高的创建与编辑,必须在立面或剖面视图中才能够进行。因此,在项目设计时必须首先进入立面视图。

### 一、复制、阵列标高与绘制标高的区别

在 Revit 中,创建标高的方法有 3 种:绘制标高、复制标高和阵列标高。使用时根据不同的情况来选择。

(1)绘制标高

绘制标高是基本的标高创建方法之一,对于低层或尺寸变化较大的建筑构件,使用该方法可直接绘制标高。

启动 Revit 后,单击主界面左上角的"应用程序菜单"按钮 ,选择【新建】→【项目】选

项,打开【新建项目】对话框。在该对话框中单击【样板文件】列表中的【建筑样板】,如图 3-2 所示。

默认情况下,绘图区显示的为"南立面"视图效果。在该视图中,蓝色倒三角为标高图标,图标上方的数值为标高值,虚线为标高线,标高线上方的为标高名称,如图 3-21 所示。

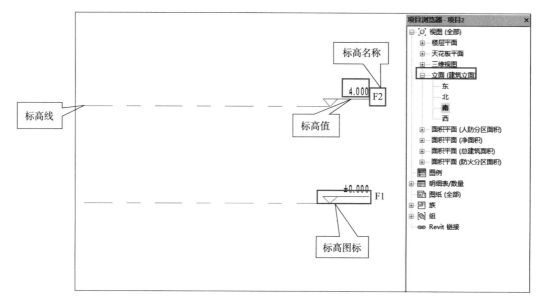

图 3-21 南立面视图

将光标指向 F2 标高一端,双击标高值,在文本框中输入数值,按 Enter 键完成标高值的更改。

切换到【建筑】选项卡,在【基准】面板中单击【标高】按钮,如图 3-22 所示;进入【修改|放置 标高】选项卡。单击【绘制】面板中的"直线"按钮,确定绘制标高的工具,如图 3-23 所示。

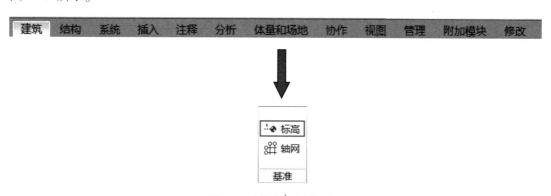

图 3-22 【基准|标高】按钮

当选择标高绘制方法后,选项栏中会显示【创建平面视图】选项,如图 3-23 所示,当选择该选项之后,所创建的每个标高都是一个楼层。

这时,单击并拖动鼠标向左移动绘图区中的视图,显示标高左侧,将光标指向 F2 标高左侧时,光标与现有标高之间会显示一个临时尺寸标注。当光标指向现有标高标头时,Revit会自动捕捉端点,单击确定标高端点之后,配合鼠标向右移动视图,确定右侧的标高端点后单击,完成标高的绘制,如图3-24所示。

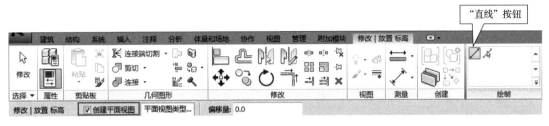

图3-23 选择标高工具

图3-24 创建标高

(2)复制标高

首先选择将要复制的标高,此时标高周围出现虚框,将功能区切换到【修改|标高】选项卡,选择【修改】面板中的"复制"工具, 在选项栏中启用【约束】和【多个】选项,然后在F3标高线的任意位置单击作为复制移动的起点,如图3-25所示,接着向上移动光标到目标位置处(或输入相对距离),复制过程中随时显示临时尺寸标注(图3-26)。

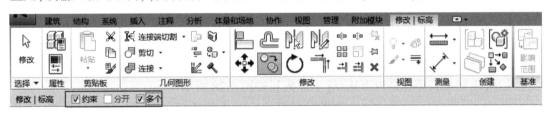

图3-25 【修改│标高】选项卡

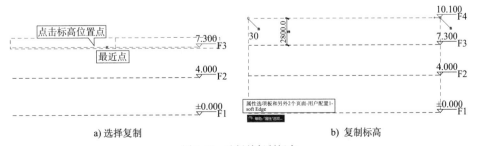

a)选择复制    b)复制标高

图3-26 选择并复制标高

(3)阵列标高

选择要阵列的标高后,在【修改|标高】选项卡中单击【修改】面板中的"阵列"工具,并且在选项栏中单击"线性"按钮,设置项目数,单击标高任意位置确定基点,如图 3-27 所示。

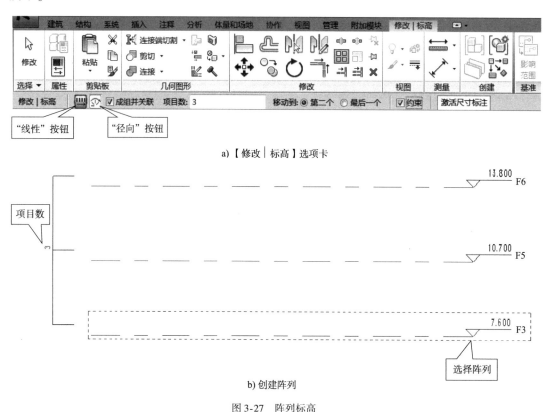

a)【修改|标高】选项卡

b) 创建阵列

图 3-27　阵列标高

## 二、标高的属性设置

在属性框下拉菜单中选取该标高对应的标头,一般零标高层选择【正负零标高】,零标高以上选择【上标头】,零标高以下选择【下标头】,如图 3-28 所示。

图 3-28　标高类型选择框

选择标高状态下,单击属性框中的【编辑类型】按钮,打开【类型属性】对话框(图 3-29),在该对话框中可以修改标高的其他参数信息。

参数说明如下:

①基面:若选择【项目基点】,则表示在某一标高上显示的高程是基于项目原点的。若选择【测量点】,则表示显示的高程是基于固定测量点的。

②线宽:即设置标高类型的线粗细程度。

③颜色:即设置标高线条的颜色,以便创建的过程中能更好地区分和发现标高。

④线型图案：即设置标高线的图案，可以选择已有的，也可以自定义。
⑤符号：即确定标高线的标头是否显示编号中的标高号。
⑥端点 1 处的默认符号：默认情况下，在标高线的左端点放置编号。
⑦端点 2 处的默认符号：默认情况下，在标高线的右端点放置编号。

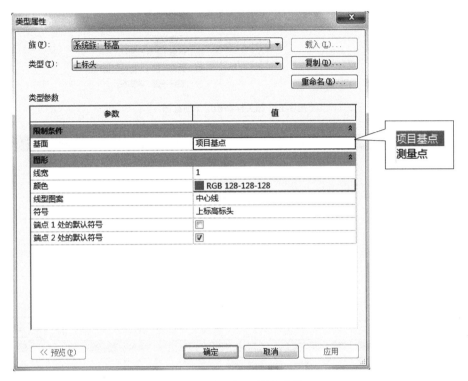

图 3-29　标高【类型属性】对话框

## 第五节　轴网

轴网也是有限的平面，其作用与标高相似，用于确定模型主体之间的定位关系。通过轴网的创建与学习，可以更加精确地设计与放置建筑物构件。

### 一、轴网的创建

通过项目浏览器将视图切换至相关标高楼层平面，如图 3-30 所示。

在【建筑】选项卡中单击【基准】面板，然后单击【轴网】按钮，如图 3-31a）所示；或直接使用快捷键 GR；在弹出的【修改｜放置 轴网】选项卡中，选择【绘制】面板中的"直线"按钮，其他设置为默认，如图 3-31b）所示。

在绘图区，单击确定轴网的起点，向下滑动鼠标到另一位置，再次单击确定轴网的终点，按 Esc 键退出绘制状态。

图 3-30　相关标高楼层平面视图

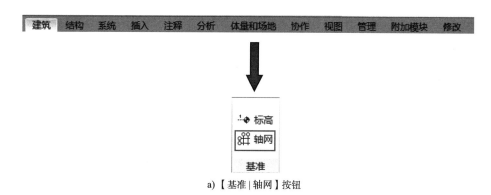

a)【基准|轴网】按钮

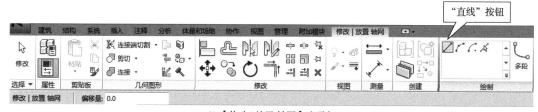

b)【修改|放置 轴网】选项卡

图 3-31　放置轴网

一般按照先从左到右(1—n)绘制,再从下往上(A—Z)绘制的顺序来创建轴网。

选择【绘制】面板中的"拾取线"命令,如图 3-32a)所示。保持当前状态,将鼠标移动到绘图区,找到拾取线对象,输入偏移量,单击完成拾取,生成新的轴网,如图 3-32b)所示。

## 二、轴网的属性设置

在【属性】对话框中,单击下拉菜单,从中选取轴网的类型,如图 3-33 所示。

选择相关轴网类型后,单击属性框中的【编辑类型】按钮,打开【类型属性】对话框,如图 3-34 所示,在该对话框中可以修改轴网的其他参数信息。

在类型属性框中,可按自己的绘图习惯选择轴网的颜色、符号等。

参数说明如下:

①符号:用于显示轴线端点。

a) 输入偏移量

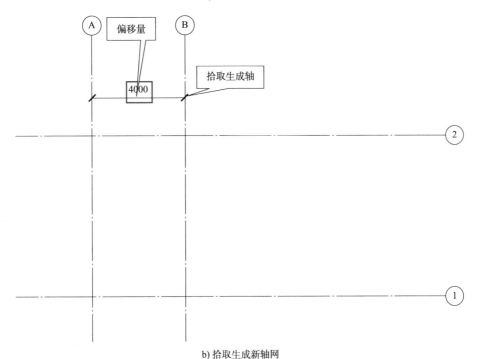

b) 拾取生成新轴网

图 3-32　绘制轴网

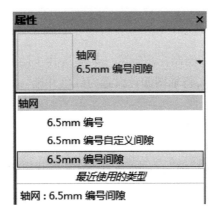

图 3-33　轴网类型选择框

图 3-34　轴网【类型属性】对话框

②轴线中段:在轴网中显示轴网中段的类型,有"连续""无""自定义"3 种类型。

③轴线末段颜色:表示轴线的颜色。

④轴线末段填充图案:若轴线中段选择为"自定义"类型,则使用填充图案来表示轴网中段的样式类型。

⑤平面视图轴号端点 1(默认):在平面视图中,用于显示轴网起点处编号的默认设置。

⑥平面视图轴号端点 2(默认):在平面视图中,用于显示轴网终点处编号的默认设置。

⑦非平面视图符号(默认):在平面视图和剖面视图中,轴网上显示编号的默认位置。有"顶""底""两者""无"4 种选择。

## 第六节　案例实操

根据图 3-35 中给定的尺寸绘制标高轴网。某建筑共 3 层,首层地面标高为 ±0.000,层高为 3m,要求两侧标头都显示,将轴网颜色设置为红色并进行尺寸标注。

操作步骤:

(1)新建项目,选择【建筑样板】,单击进入软件绘制界面。

(2)在【属性】对话框中,在"图形"栏中的"视图比例"下拉菜单选择"自定义",将比例改为 1:400;将详细程度选为"精细";点击"细线"按钮开启细线模式。

(3)在项目浏览器下,展开立面目录,双击【南立面】进入南立面视图。

(4)选中正负零标高,勾选该标高左端点显示出的复选框,按 Esc 键退出。

(5)选中标高 2,在临时尺寸中将 4000 改为 3000,按 Enter 键,题目要求两侧标头都显示,在类型属性框中勾选【端点 1 处的默认符号】复选框和【端点 2 处的默认符号】复选框,单击【确定】按钮返回,如图 3-36 所示。

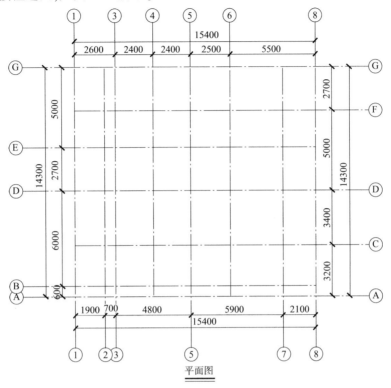

图 3-35　某建筑标高轴线示例

a) 标高属性设置

图　3-36

b) 改标高临时尺寸

图 3-36　绘制标高

(6) 选中标高 2, 单击"复制"按钮, 勾选【约束】和【多个】复选框。在标高 2 上任一位置处单击作为复制的起点, 向上滑动鼠标, 使用键盘直接输入 3000, 然后按 Enter 键, 再重复一次此操作即可。

(7) 单击【视图】选项卡下【创建】面板中的【平面视图】按钮, 选择【楼层平面】, 如图 3-37a) 所示; 【新建楼层平面】对话框如图 3-37b) 所示, 单击【确定】按钮, 项目浏览器中的楼层平面将增加标高 3, 如图 3-37c) 所示。重复上述操作将标高 4 加入楼层平面中。

a) 创建楼层平面

b)【新建楼层平面】对话框　　c) 增加标高3和标高4

图 3-37　添加标高

(8)在项目浏览器下,展开平面目录,双击【楼层平面|标高1】进入标高1平面视图。

(9)单击【建筑】选项卡下【基准】面板中的【轴网】按钮,在绘图区域中绘制第一条纵向轴线,按Esc键两次退出绘制状态;选中该轴线,在【类型属性】对话框中,将轴线中段设置为连续,将轴线末段颜色设置为红色,勾选【平面视图轴号端点1(默认)】复选框和【平面视图轴号端点2(默认)】复选框,单击【确定】按钮返回,如图3-38所示。

图3-38 轴网属性设置

(10)选中轴号为1的轴线,单击"复制"按钮,勾选【约束】和【多个】复选框。在该轴线上任意位置处单击作为复制的起点,向右滑动鼠标,使用键盘直接输入1800,按Enter键。接着分别输入700、2400、2400、2500、3400、2100,每输入一次都按Enter键结束。

(11)单击【轴网】按钮继续绘制横向轴线,先绘制完成第一条横向轴线,按Esc键两次退出绘制状态。

(12)双击轴线圈中的轴号,修改横向轴线的轴号为A。

(13)选中该横向轴线,单击"复制"按钮,勾选【约束】和【多个】复选框。在该轴线上任意位置处单击作为复制的起点,向上滑动鼠标,使用键盘直接输入600,按Enter键。接着分别输入2600、3400、2700、2300、2700,每输入一次都按Enter键结束,如图3-39所示。

(14)按题目要求对所做轴网进行修改,如将轴线的某部分轴号删除,点击轴线,只需单击蓝色框将勾去除即可将编号隐藏;同时选择靠近编号的轴线端点点击解锁,然后按住端点符号移动,将轴线缩短至题目要求的位置,如图3-40所示。

(15)标注。使用快捷键DI,对轴网进行标注。

(16)将项目文件另存为"标高-轴网",完成对该项目标高和轴网的创建,如图3-41所示。

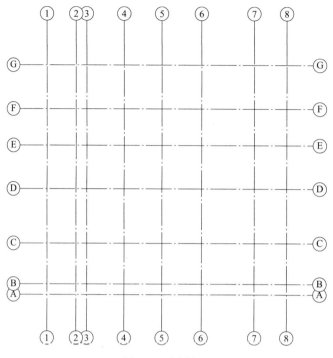

图 3-39 绘制轴网

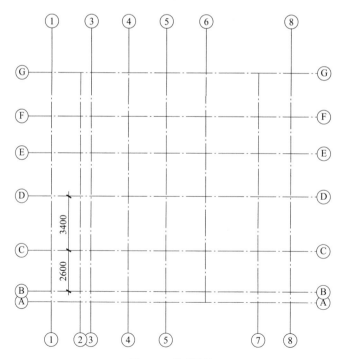

图 3-40 隐藏编号

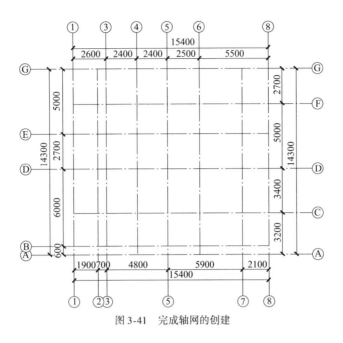

图 3-41 完成轴网的创建

## 第七节 课后练习

按照图 3-42 所示平、立面图绘制屋顶,屋顶板厚均为 400mm,其他建模所需尺寸可参考平、立面图自定,结果以"屋顶"为文件名保存。

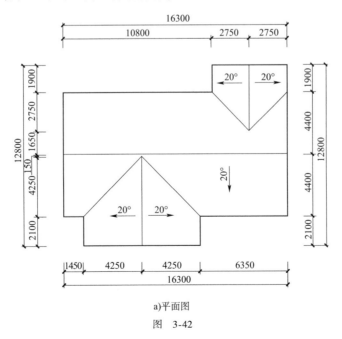

a)平面图

图 3-42

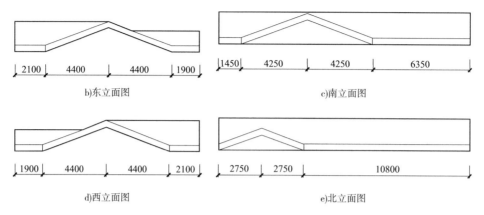

图 3-42 屋顶平、立面图(尺寸单位:mm)

提示:在【建筑样板】里使用【迹线屋顶】命令绘制屋顶外形轮廓,将屋顶坡度改为 20°(系统默认 30°)并不勾选没有坡度的线的【定义坡度】,进入各个立面进行注释,检测所绘制的图形是否符合题目要求。

# 第四章

# 族

## 第一节 族概述

族是 Revit 中一个非常重要的概念,创建参数化族,可以像 AutoCAD 中的块一样,在工程设计中大量反复使用,从而提高三维设计的效率。

族是组成项目的构件,同时是参数信息的载体。族是一个包含通用属性(称作参数)集和相关图形表示的图元组。一个族中的不同图元的部分或全部属性可能有不同的值,但是参数(其名称与含义)是相同的。族中的这些变体称作族类型或类型。

## 第二节 族的分类

在 Revit 中,族按照类型的不同可分为系统族、可载入族和内建族。其中,在项目中创建的大多数图元都是系统族或可载入族。用户还可以组合可载入族来创建嵌套族和共享族。

系统族:已经在项目中预定义并只能在项目中创建和修改的族类型(如墙、楼板、天花板等)。虽然它们不能作为外部文件载入或创建,但可以在项目和样板之间复制、粘贴或传递系统族类型。

可载入族:使用族样板在项目外创建的 RFA 文件,可以载入项目中,具有高度可自定义的特征,因此可载入族是用户经常创建和修改的族。

内建族:在当前项目中新建的族,与可载入族的不同之处在于它只能储存在当前的项目文件里,不能单独存为 RFA 文件,也不能用在别的项目文件中。

## 第三节　族编辑器

### 一、族编辑界面

族编辑界面的打开方式通常有以下两种。

方式①：打开 Revit 进入启动界面，如图 4-1 所示；点击界面下方【族】中的【新建】，会自动弹出【新族-选择样板文件】对话框，如图 4-2 所示；选择【公制常规模型】，单击右下角的【打开】，即可进入【公制常规模型】族编辑界面，如图 4-3 所示。（这里以【公制常规模型】族类别为例）

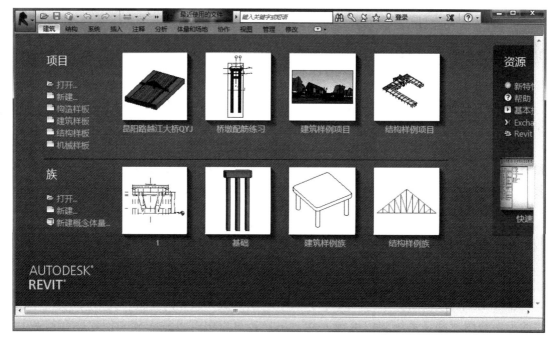

图 4-1　Revit 启动界面

方式②：打开 Revit 进入启动界面，单击"应用程序菜单"按钮 →【新建】→【族】，如图 4-4 所示；选择【公制常规模型】族样板文件，单击右下角的【打开】，用户即可进入【公制常规模型】族编辑界面。

### 二、功能区选项卡及其介绍

由于第二章已介绍了建筑样板的操作界面，而族编辑界面又与建筑样板的操作界面大同小异，所以本节主要介绍族编辑界面的选项卡及其功能区。

第一部分/第四章 族 | 043

图 4-2 【新建-选择族样板文件】对话框

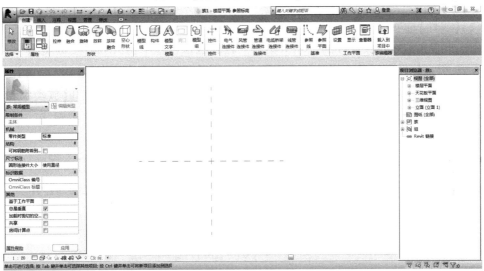

图 4-3 族编辑界面

图 4-4 应用程序菜单界面

族编辑界面的选项卡中包含以下六个子选项：
①创建：创建模型所需的多种工具；
②插入：导入其他文件的工具；
③注释：将二维信息添加到设计中的工具；
④视图：管理和修改当前视图以及切换视图的工具；
⑤管理：系统参数的管理及设置；
⑥修改：编辑现有图元、数据和系统工具。

1. 创建

【创建】选项卡中包含了属性、形状、模型、控件、连接件、基准、工作平面和族编辑器共8种基本功能，如图4-5所示。

图4-5 【创建】选项卡

（1）【属性】选项板

用于查看和编辑对象属性的选项卡集合。在族编辑过程中，提供属性、族类型、族类别和族参数、类型属性四种基本属性的查询和定义。这个面板也会出现在【修改】选项卡中。

单击功能区选项卡【创建】→【属性】→"族类别和族参数"按钮，打开【族类别和族参数】对话框（图4-6），为正在创建的族指定族类别及族参数，根据选定的族类别，可用的族参数会有所变化。

单击功能区选项卡【创建】→【属性】→"族类型"按钮，打开【族类型】对话框（图4-7），可为正在创建的族设置多种族类型，通过设定不同的参数值来定义族类型之间的差异。

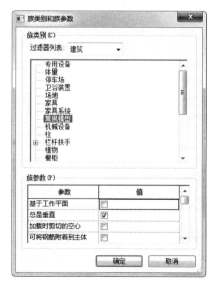

图4-6 【族类别和族参数】对话框　　　　图4-7 【族类型】对话框

(2)【形状】选项板

汇集了用户可能运用到的创建三维形状的所有工具。通过拉伸、融合、旋转、放样及放样融合形成实心三维形状或空心形状。

(3)【模型】选项板

提供模型线、构件、模型文字和模型组的创建和调用。支持创建一组定义的图元或将一组图元放置到当前视图中。

(4)【控件】选项板

可将控件添加到视图中,支持添加单向垂直、双向垂直、单向水平或双向水平翻转箭头。在项目中,通过翻转箭头可以修改族的垂直或水平方向。

(5)【连接件】选项板

将连接件添加到构件中。

(6)【基准】选项板

提供参照线和参照平面两种参照样式。

(7)【工作平面】选项板

为当前视图或所选图元指定工作面。可以显示或隐藏,也可以启用【查看器】,将"工作平面查看器"用作临时的视图来编辑图元。

(8)【族编辑器】选项板

用于将族载入打开的项目或文件中。它支持所有的功能区面板,之后的选项板介绍中将不再重复。

2. 插入

【插入】选项卡中集合了四个面板:链接、导入、从库中载入和族编辑器,如图 4-8 所示。

图 4-8 【插入】选项卡

(1)【导入】选项板

可将 CAD、光栅图像和族类型导入当前族中。

(2)【从库中载入】选项板

用于从本地库或互联网库中将族文件直接载入当前文件中或作为组载入。

3. 注释

【注释】选项卡囊括了尺寸标注、详图、文字和族编辑器共 4 大类基本功能,如图 4-9 所示。

(1)【尺寸标注】选项板

提供尺寸、角度、径向和弧长方面的标注。同时,单击【尺寸标注】按钮 ▼,可对线性、角度和径向的尺寸标注类型进行参数修改。

图 4-9 【注释】选项卡

(2)【详图】选项板

汇集了用户在绘制二维图元时集中使用到的主要功能键,包括仅起符号作用的符号线、视图专有的详图构件、创建详图组、二维注释符号、遮挡其他图元的遮罩区域等。

(3)【文字】选项板

提供文字字体选择、拼写检查、查找或替换等主要功能。

4. 视图

【视图】选项卡包含了图形、创建、窗口和族编辑器 4 种基本功能,如图 4-10 所示。

图 4-10 【视图】选项卡

(1)【图形】选项板

用于控制模型图元、注释、导入和链接的图元,以及工作集图元在视图中的可见性和图形显示。

(2)【创建】选项板

用于打开或创建三维视图、剖面视图、相机视图等。

(3)【窗口】选项板

用于满足窗口显示的多种功能需求。包括切换窗口(指定要显示或给出焦点的视图)、关闭隐藏窗口、复制窗口(打开当前视图的另外一个实例)、层叠窗口(按序列对绘图区中所有打开的窗口进行排序)以及平铺窗口(平铺所有打开的视图)。

5. 管理

【管理】选项卡中集合了设置、管理项目、查询、宏和族编辑器 5 种基本功能,如图 4-11 所示。

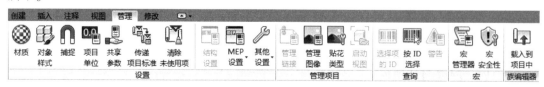

图 4-11 【管理】选项卡

(1)【设置】选项板

用于指定要应用于建筑模型中的图元设置。主要包括材质、对象样式、捕捉、项目单位、共享参数、传递项目标准、清除未使用项以及其他设置。

①材质。

单击【材质】,即可弹出【材质浏览器】对话框,如图4-12所示。【材质浏览器】对话框汇集了正在创建的族所包含的所有图元材质。操作者可以根据自己的需求对材质进行修改、重命名、删除或复制,以创建新的材质。

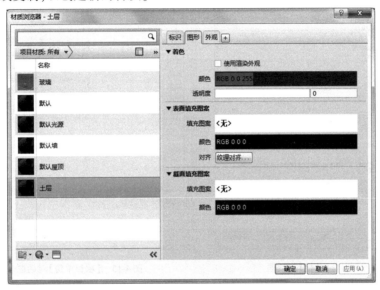

图4-12　【材质浏览器】对话框

②对象样式。

单击【对象样式】,即可弹出【对象样式】对话框,如图4-13所示。【对象样式】命令用于指定线宽、颜色和填充图案,以及模型对象、注释对象和导入对象的材质。

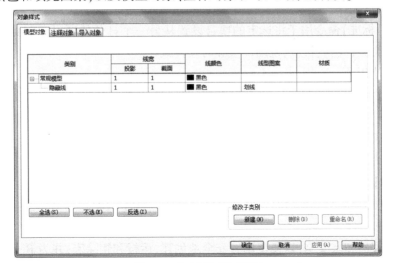

图4-13　【对象样式】对话框

③捕捉。

单击【捕捉】,即可弹出【捕捉】对话框,如图 4-14 所示。【捕捉】命令用于指定捕捉增量,以及启用或禁用捕捉点。

④项目单位。

【项目单位】命令可以指定各种度量单位的显示格式,如图 4-15 所示。

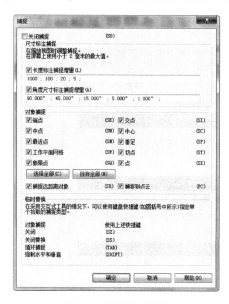
图 4-14 【捕捉】对话框

图 4-15 【项目单位】对话框

⑤共享参数。

【共享参数】命令用于指定可在多个族和项目中使用的参数,如图 4-16 所示。使用共享参数可以添加族文件或项目样板中尚未定义的特定数据。共享参数储存在一个独立于任何族文件或项目的文件中。

⑥传递项目标准。

【传递项目标准】命令用于将选定的项目设置从另一个打开的项目复制到当前项目,项目标准包括族类型、线宽、材质、视图样板和对象样式。

⑦清除未使用项。

【清除未使用项】命令是从族中删除未使用项,使用该工具可以缩小族文件的大小,如图 4-17 所示。

(2)【管理项目】选项板

提供用于管理的连接选项,如图像管理、贴花等。

(3)【查询】选项板

用于按 ID 选择的唯一标示符来查找并选择当前视图中的图元。

(4)【宏】选项板

支持宏管理器和宏安全,以便使用者安全地创建、运行和删除宏,并为 Revit 应用程序和文档中的宏指定默认安全设置。

图 4-16 【编辑共享参数】对话框　　　　图 4-17 【清除未使用项】对话框

6. 修改

【修改】选项卡包括了属性、剪贴板、几何图形、修改、测量、创建和族编辑器共 7 个基本功能,如图 4-18 所示。

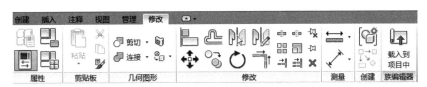

图 4-18 【修改】选项卡

(1)【属性】选项板

显示或隐藏用于查看和编辑实例属性的选项板。该显项板显示当前视图、选定图元或正放置图元的实例属性。

(2)【剪贴板】选项板

汇集了【粘贴】、【剪切】、【复制】和【匹配类型】4 种常用的剪贴命令。

①【粘贴】:将图元从剪贴板粘贴到当前视图中;

②【剪切】:可以删除选定图元,并将它们放置到剪贴板上;

③【复制】:用于将选定图元复制到剪贴板上;

④【匹配类型】:转换一个或多个图元,以便与同一视图中的其他图元的类型相匹配。

(3)【几何图形】选项板

提供对几何图形的剪切/取消剪切(图 4-19)、连接/取消连接(图 4-20)、拆分面及填色/删除填色(图 4-21)4 种功能。

①【剪切几何图形】:选择要剪切的几何图形进行剪切。当要剪切几何图形(例如从实心形状剪切实心或空心形状)时,该工具非常有用。

【取消剪切几何图形】:可以选择在连接几何图形时不剪切的几何图形,如果选择不剪切全部几何图形,视图中会始终显示空心几何图形。

②【连接几何图形】:在共享公共面的2个或更多主体图元之间创建连接。

【取消连接几何图形】:可以删除2个或更多图元之间的连接。

③【拆分面】:将图元的面分割成若干区域,以便应用不同的材质。【拆分面】工具只能拆分图元的选定面,而不会产生多个图元或修改图元的结构。

④【填色】:可将材质应用于图元的面。

【删除填色】:从选定面中删除填色,使用此工具可以将选定面的外观恢复至其未填色的状态。如果使用此工具之前选定对象,则对象上的所有填色面都会恢复。

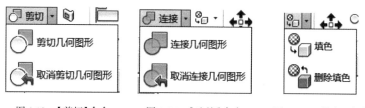

图4-19 【剪切】命令　　图4-20 【连接】命令　　图4-21 "填色"命令

(4)【修改】选项板

包括对齐、偏移、镜像、移动、复制、旋转、拆分、修剪等常用编辑命令。这些在第三章中已解释,此处不再赘述。

(5)【测量】选项板

包含两个参照之间的距离,沿图元测量和标注对齐尺寸、角度尺寸、径向尺寸及弧长尺寸。

(6)【创建】选项板

包括创建组和创建类似两个功能。【创建组】命令可以创建一组图元以便重复使用。用户如果计划在一个项目或族中多次重复布局,可以使用【创建组】。

【创建类似】的功能就是放置与选定图元类型相同的图元。

## 第四节　三维几何形体的创建

创建族三维模型最常用的命令是创建实体模型和空心模型,熟练掌握这些命令是创建族三维模型的基础。

### 一、拉伸

【拉伸】命令是通过绘制一个封闭的拉伸端面并给予一个拉伸高度来建模的。其操作步骤如下:

(1)单击功能区中的【创建】→【形状】→【拉伸】,激活【修改|创建拉伸】选项卡,如图4-22所示。

图 4-22 【拉伸】命令

(2)在【修改|创建拉伸】选项卡中的【绘制】面板里选择想要的命令来绘制一个封闭轮廓。这里以【矩形】为例,单击【修改|创建拉伸】选项卡下【绘制】面板中的"矩形"按钮,在绘图区里绘制一个矩形,如图4-23所示。

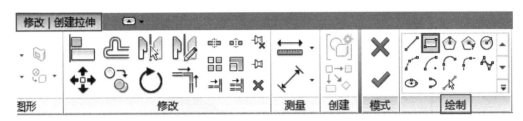

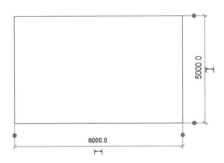

图 4-23 绘制矩形轮廓

(3)在【属性】对话框中设置拉伸起点和拉伸终点(即拉伸长度),并单击右下角的【应用】,如图4-24所示。

(4)单击【修改|创建拉伸】选项卡下【模式】面板中的"对钩"按钮,完成【拉伸】命令,如图4-25所示。

对于创建完的任何实体,用户还可以重新编辑。单击想要编辑的实体,然后单击【修改|拉伸】选项卡下【模式】面板中的【编辑拉伸】,进入编辑拉伸界面。用户可以重新绘制拉伸端面,完成修改后单击"对钩"按钮,就可以保存修改并退出编辑拉伸的绘图界面,见图4-26。

## 二、融合

【融合】命令可以将两个平行平面上的不同形状的端面进行融合建模。其操作步骤如下:

(1)单击功能区中【创建】→【形状】→【融合】,激活【修改|创建融合底部边界】选项卡,如图4-27所示。

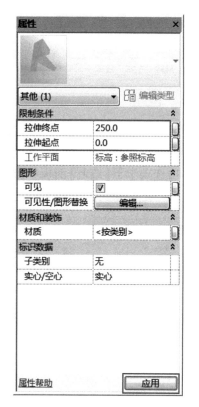

图 4-24 【属性】对话框　　图 4-25 三维长方体模型

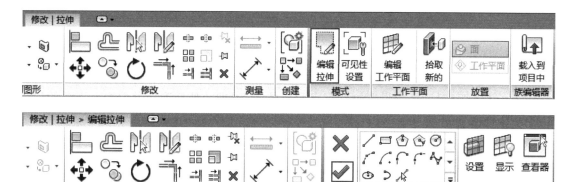

图 4-26 重新编辑拉伸

图 4-27 【融合】命令

（2）单击【修改|创建融合底部边界】选项卡下【绘制】面板中的"圆形"按钮 ⊙，在绘图区内绘制底部的融合面形状，以绘制一个圆为例，如图4-28所示。

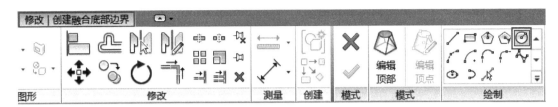

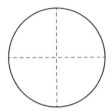

图4-28　绘制底部边界轮廓

（3）单击【修改|创建融合底部边界】选项卡中的【编辑顶部】，切换到顶部融合面的绘制，再单击【绘制】面板中的"圆形"按钮 ⊙，绘制顶部的融合面形状，以圆形为例，如图4-29所示。

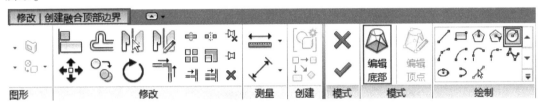

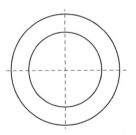

图4-29　绘制顶部边界轮廓

（4）单击【修改|创建融合顶部边界】选项卡中【模式】面板里的"对钩"按钮 ✓，完成融合建模，如图4-30所示。

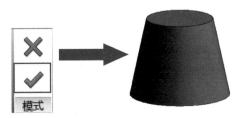

图4-30　三维圆台模型

## 三、旋转

【旋转】命令用于创建需利用某几何图形,并以某轴线为中心旋转一定角度而成的构件。其操作步骤如下:

(1)单击功能区中【创建】→【形状】→【旋转】,激活【修改|创建旋转】选项卡,如图 4-31 所示。

图 4-31　【旋转】命令

(2)在【修改|创建旋转】选项卡下的【绘制】面板里默认先选择【边界线】,可以绘制任何形状,但是边界必须是闭合的。单击【绘制】面板中的"圆形"按钮,在绘图区中绘制一个圆,如图 4-32 所示。

图 4-32　绘制边界线

(3)单击【修改|创建旋转】选项卡中【绘制】面板里的【轴线】,在绘图区绘制一条竖直的轴线,如图 4-33 所示。

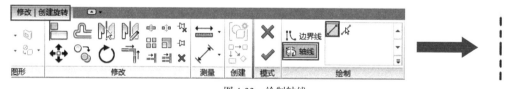

图 4-33　绘制轴线

(4)完成边界线和轴线的绘制后,单击"对钩"按钮,完成旋转建模,可以切换到三维视图查看建模效果,如图 4-34 所示。

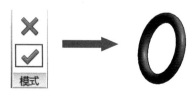

图 4-34　三维圆环模型

## 四、放样

【放样】命令用于创建需应用某种轮廓并沿相应路径将此轮廓拉伸以完成创建目的的构件。其操作步骤如下:

(1)单击功能区【创建】→【形状】→【放样】,激活【修改|放样】选项卡,如图4-35所示。

图4-35 【放样】命令

(2)单击【修改|放样】选项卡下【放样】面板中的【绘制路径】按钮,进入【绘制路径】选项卡,在【绘制】面板中选择"直线"按钮并在绘图区绘制一条直线路径,单击"对钩"按钮完成绘制。用户不仅可以使用选项卡中的【绘制路径】命令画出路径,也可单击【拾取路径】,通过拾取的方式来定义放样路径,如图4-36所示。

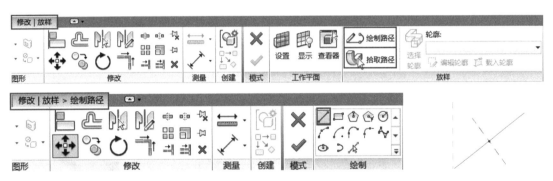

图4-36 定义路径

(3)单击【修改|放样】选项卡下【放样】面板中的【编辑轮廓】,会弹出【转到视图】对话框,选择【立面:右】,单击【打开视图】,如图4-37所示。

(4)在【编辑轮廓】选项卡下【绘制】面板中选择"内接多边形"按钮或"外接多边形"按钮,功能区的下方会出现一个对话框,此时可以选择多边形的边数、偏移量、内接圆或外接圆的半径。在右立面上绘制轮廓线,任意绘制一个封闭的六边形,单击"对钩"按钮,完成轮廓绘制,并退出【编辑轮廓】模式,如图4-38所示。

图 4-37

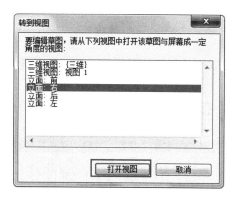

图 4-37　选择绘制轮廓视图

（5）单击【修改|放样】选项卡中【模式】面板里的"对钩"按钮 ，完成放样建模，如图 4-39 所示。

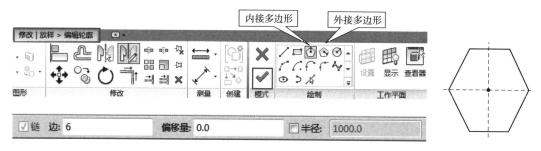

图 4-38　绘制轮廓

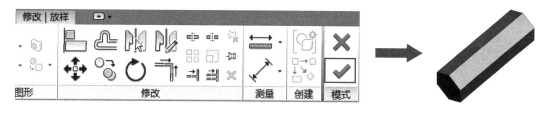

图 4-39　三维六棱柱模型

## 五、放样融合

【放样融合】命令用于创建两个不同轮廓的融合体，然后沿路径对其进行放样。它的使用方法和放样大体一样，只是可以选择两个轮廓面。此处不再详细阐述它的操作方法。

## 六、空心形状

空心形状创建的方法有两种。

（1）单击功能区中【创建】→【形状】→【空心形状】，见图 4-40，在下拉列表中选择命令，各命令的操作方法和对应的实体模型各命令的操作方法基本相同。

(2)实体和空心相互转换。选中实体,在【属性】对话框中将实体转变成空心,再单击右下角的【应用】,见图4-41。

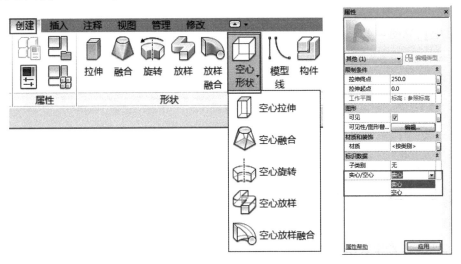

图4-40 【空心形状】命令　　　　图4-41 切换模型状态

## 第五节　族在项目中的调用

使用Revit进行项目设计时,将族载入项目中的方式主要有三种。

(1)打开一个项目文件,单击功能区中的【插入】→【从库中载入】→【载入族】,会弹出【载入族】对话框,此时可以选择需要载入的族,然后单击对话框右下角的【打开】,选择的族即被载入项目中,如图4-42所示。

图4-42 【载入族】对话框

（2）打开一个项目文件,通过 Windows 的资源管理器直接将族文件拖到项目的绘图区域,这个族文件即被载入项目中。

（3）打开一个项目文件,再打开一个族文件,单击功能区中【创建】→【族编辑器】→【载入到项目中】,见图4-43,这个族即被载入选择的项目中。

图 4-43 【族编辑器】面板

# 第六节 案例实操

根据图 4-44 给定数据,用族来创建实心墩,将模型以"实心墩"的名称保存,并载入项目中。

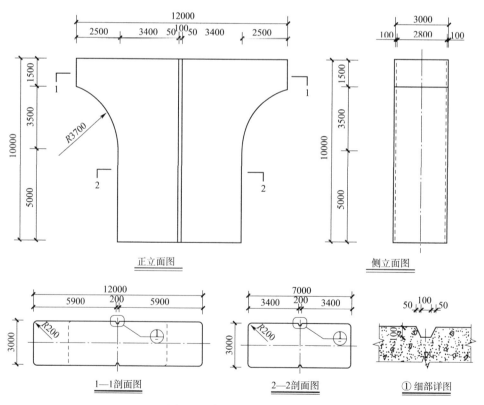

图 4-44 实心墩(尺寸单位:mm)

**解析:**

从正立面图和侧立面图可以看出实心墩是等截面的,故可以用【拉伸】命令在前立面绘图区按图纸数据绘制轮廓,又因为结构对称,可以只画半边轮廓,用【镜像】命令,绘制另外半边的轮廓。并按数据设置拉伸长度,完成拉伸。实心墩的四条棱处有圆弧倒角,故可以用【空心放样】命令绘制圆弧条,通过【镜像】命令,绘制另外的三条棱边,再通过【剪切】命令形成圆弧倒角。对于中间槽口,可以采取【空心拉伸】命令,并按数据设置拉伸长度。由于两个槽口对称,故用【镜像】命令,绘制另外一个槽口,最后剪切,完成整个实心墩的绘制。

**操作步骤:**

(1)选择【公制常规模型】族样板创建族文件,进入族编辑界面,点击族编辑界面右侧【项目浏览器】中的【立面】,再点击【前】,进入前立面的绘图区,如图 4-45 所示。

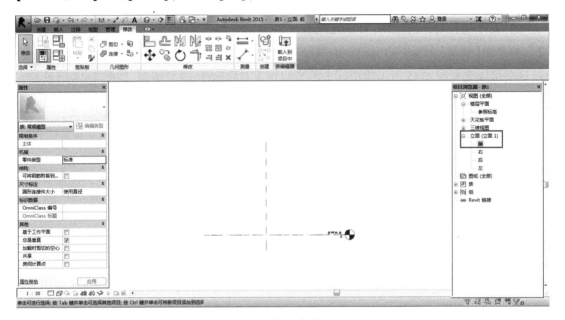

图 4-45　前立面操作界面

(2)由于实心墩从正立面看近似等截面,故可以选择【拉伸】命令进行正立面轮廓的绘制。单击【创建】选项卡中的【拉伸】命令,激活【修改|创建拉伸】选项卡,如图 4-46 所示。

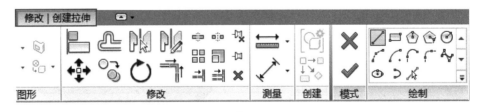

图 4-46　【修改|创建拉伸】选项卡

(3)选择图 4-45 所示前立面绘图区中两条基准线的交点作为实心墩顶部的中心点。由于实心墩正立面的轮廓对称,所以可以先绘制右半边轮廓。单击【修改|创建拉伸】选项卡下【绘制】面板中的"直线"命令,根据图中的数据:6000(50 + 50 + 3400 + 2500)、1500、3500、5000、10000 绘制直线边。根据圆弧半径 3700,选择【绘制】面板中"起点-终点-半径弧"命令,绘制圆弧边,如图 4-47 所示。

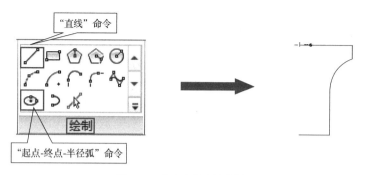

图 4-47　右半边轮廓的绘制

（4）对于这种对称的结构，可以先把右半边轮廓全部选中（按住 Ctrl 键，单击想要的线段），再单击【修改】面板中的"镜像-拾取轴"命令 进行左半边轮廓的绘制。选择一条轴线，这里可以选择图 4-45 所示绘图区中的竖线作为对称轴线，进行镜像，如图 4-48 所示。

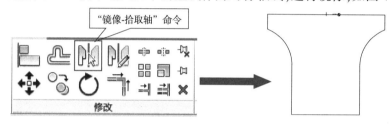

图 4-48　左半边轮廓的绘制

（5）通过实心墩的图纸可以看出墩柱的宽度为 3000，故可以在【属性】对话框中设置拉伸长度。因为图 4-45 所示前立面绘图区中两条基准线的交点为实心墩顶部的中心点，所以把拉伸起点设置为 -1500，拉伸终点设置为 1500，并点击【属性】对话框右下角的【应用】按钮，如图 4-49 所示。

（6）单击【修改｜创建拉伸】选项卡下【模式】面板中的"对钩"按钮 ，完成【拉伸】命令，如图 4-50 所示。并按 Esc 键退出【修改｜创建拉伸】选项卡。

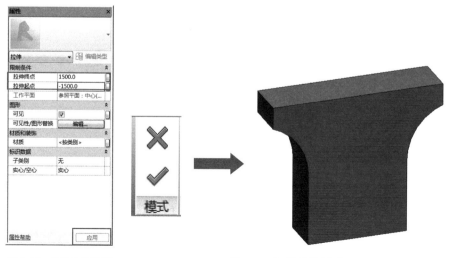

图 4-49　设置拉伸长度　　　　图 4-50　完成【拉伸】命令

(7)点击【创建】选项卡中的【空心形状】,并选择【空心放样】命令,激活【修改丨放样】选项卡,如图 4-51 所示。

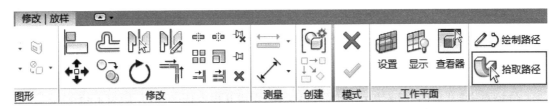

图 4-51 【修改│放样】选项卡

(8)单击【放样】面板中的【拾取路径】,在三维视图中拾取棱边,点击【模式】面板中的"对钩"按钮 ✓ 完成拾取,如图 4-52 所示。

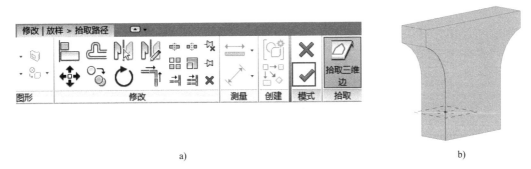

a) b)

图 4-52 拾取棱边

(9)单击【修改│放样】面板中的【编辑轮廓】,弹出【修改│放样 > 编辑轮廓】选项卡,如图 4-53 所示。

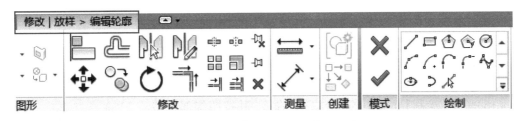

图 4-53 【修改│放样 > 编辑轮廓】选项卡

(10)单击【项目浏览器】中的【参照标高】,进入【参照标高】平面,如图 4-54 所示。

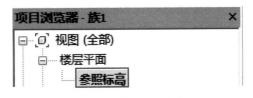

图 4-54 【参照标高】命令

(11)根据剖面图中的半径 200,单击【绘制】面板中的"直线"命令绘制两条端点相交于路径线上且长度为 200 的直线段;单击"起点-终点-半径弧"命令绘制半径为 200 的圆弧,如

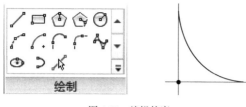

图 4-55 编辑轮廓

图 4-55 所示。单击【模式】面板中的"对钩"按钮 ✓ 完成【空心放样】命令。

（12）通过"镜像-拾取轴"命令把【空心放样】形体镜像到另外三条棱边上［图 4-56a）］，两条镜像轴分别为图 4-56b）中相交的两条虚线。

（13）点击【几何图形】面板中的【剪切】按钮，完成几何形体的修剪，如图 4-57 所示。

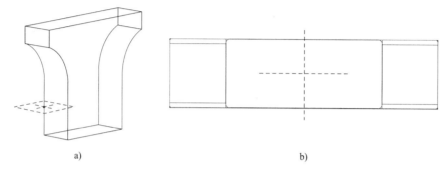

a)　　　　　　　　　　　　b)

图 4-56　【镜像-拾取轴】效果显示

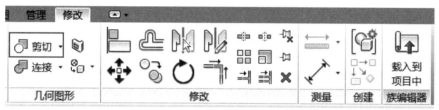

图 4-57　剪切棱边

（14）选择图 4-58 所示的另外一条棱边，重复（3）的操作过程。

（15）墩柱凹槽的绘制：单击【创建】选项卡中【基准】面板里的【参照线】，激活【修改|放置 参照线】选项卡，如图 4-59 所示。

（16）单击【绘制】面板中的"拾取线"命令，并按照细部构造尺寸数据 50、100 设置好偏移量，以图 4-56b）里的竖直虚线为基准线，向左边分别偏移 50 和 100 绘制参照线（右边也是如此）。再以图 4-56b）里最上方的水平线为基准线，向下偏移 100，绘制参照线。绘制完成后按 Esc 键退出【修改|放置 参照线】面板，如图 4-60 所示。

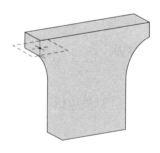

图 4-58 选取棱边

图 4-59　【参照线】命令

第一部分/第四章 族 063

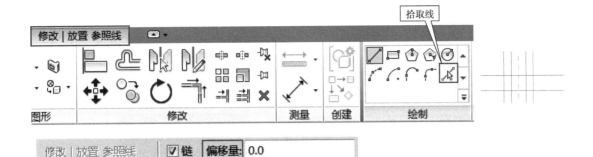

图4-60 【修改│放置 参照线】选项卡及绘制的参照线

(17) 利用【空心拉伸】命令完成槽口的截面绘制和拉伸,根据绘制好的参照线,按图4-61a) 所示选取4个参照点,依次通过"直线"命令连接成槽口截面轮廓。由于实心墩的高为10000,将拉伸起点设置为0,拉伸终点设置为 – 10000,然后退出【空心拉伸】命令。通过"镜像-拾取线"命令选取图4-56b) 里横向虚线作为轴线完成凹槽的镜像,最后点击【几何图形】选项卡中的【剪切】,完成几何形体的修剪,如图4-61b) 所示。

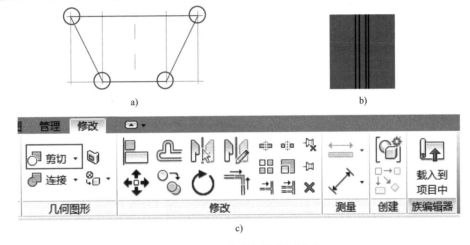

图4-61 【空心拉伸】及【剪切】命令

实心墩模型各个视角的效果图如图4-62所示。

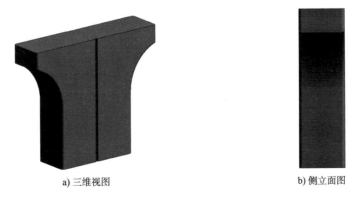

图 4-62

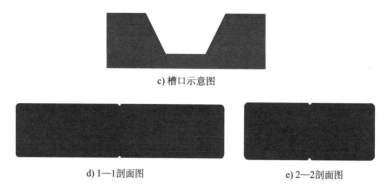

c) 槽口示意图

d) 1—1剖面图　　　　e) 2—2剖面图

图 4-62　实心墩各个视角的效果图

(18) 单击族编辑界面左上角的"应用程序菜单"→【保存】,弹出【另存为】对话框,将建好的模型以"实心墩"命名,并单击右下角的【保存】按钮将模型保存到计算机中,如图 4-63 所示。

图 4-63　【另存为】对话框

(19) 打开【结构样板】进入项目中,单击【插入】选项卡下【从库中载入】面板中的【载入族】,如图 4-64 所示。

图 4-64　【插入】选项卡

(20) 弹出【载入族】对话框,选择【实心墩】文件,单击右下角的【打开】按钮,如图 4-65 所示。

图 4-65　打开【实心墩】文件

(21)返回【结构】选项卡,单击【模型】面板中的【构件】,从下拉列表中选择【放置构件】,进入【修改|放置 构件】选项卡,如图 4-66、图 4-67 所示。

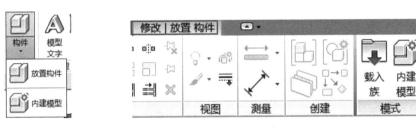

图 4-66　【放置构件】命令　　　　图 4-67　【修改｜放置 构件】选项卡

(22)在绘图区放置所载入的实心墩族,效果如图 4-68 所示。

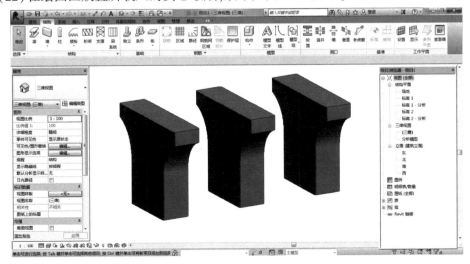

图 4-68　项目中放置实心墩效果图

## 第七节　课后练习

请用基于墙的公制常规模型族样板,创建符合下列图纸要求的窗族,各尺寸通过参数控制。该窗框断面尺寸为 60mm × 60mm,窗扇边框断面尺寸为 40mm × 40mm,玻璃厚度为 6mm,墙、窗框、窗扇边框、玻璃全部中心对齐。窗扇尺寸如图 4-69 所示。

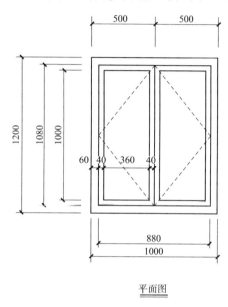

平面图

图 4-69　窗扇尺寸(尺寸单位:mm)

提示:这道题主要是让大家学会如何应用参数法并了解使用参数法建模的便捷性。这里选用基于墙的公制常规模型族样板,首先创建放置窗的洞口,然后分别创建窗框、窗扇和玻璃。在创建这些模型的过程中应注意对注释的参数设置标签,并在【族类型】对话框中对添加的参数做相应的修改,最后设置所创建的模型的材质即可。

# 第五章

# 概念体量

体量建模一般是为了建筑方案而设计的,当然也可以做其他用途,它大大增强了 Revit 建立大曲面模型的能力。体量可以从其他软件中导入,也可以在 Revit 中建立。Revit 导入体量以后,很多建模命令可以拾取体量模型,例如建立墙或者屋面时,可以直接拾取,从而解决了 Revit 无法生成异形曲面墙等问题。

## 第一节　概念体量的基础

### 一、概念体量项目文件的创建

概念体量的形状可以通过绘制线或闭合环创建,使用该工具可以创建任意曲线、三维实心或空心形状,然后通过三维形状操纵控件直接进行操纵。

打开 Revit 软件,单击主界面左上角"应用程序菜单"图标,选择【新建】选项卡中的【概念体量】,打开【新概念体量-选择样板文件】对话框,选择【公制体量】,然后单击【打开】按钮,如图 5-1 所示。

a)【概念体量】命令

图　5-1

b)【新概念体量-选择样板文件】对话框

图 5-1　打开概念体量

## 二、概念体量草图创建工具

概念体量草图创建包括模型线和参照线两种形式（图 5-2）。两种草图工具创建图形样式及修改行为均不相同。

基于模型线的图形显示为实线，可以直接编辑边、表面和顶点，并且无须依赖另一个形状或参照类型创建。

基于参照线的图形显示为虚线，只能通过编辑参照图元来编辑，并且依赖于其参照，当依赖的参照发生变化时，基于参照的形状也随之变化。

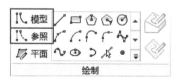

图 5-2　概念体量草图绘制工具面板

# 第二节　几种概念体量形式的创建

## 一、拉伸形状

选择【创建】选项卡中【工作平面】面板的【设置】命令，拾取相关面作为工作平面，如图 5-3 所示。

绘制草图，草图必须为线或者闭合环，如图 5-4 所示。

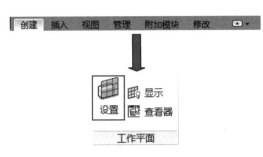

图 5-3 【设置】命令

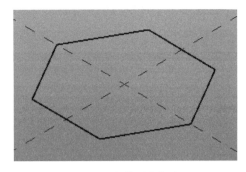

图 5-4 拉伸形状草图

当勾选【根据闭合的环生成表面】复选框时,绘制的草图会自动形成面。

选择所绘制的草图,单击【修改|放置 线】选项卡下【形状】面板的【创建形状】命令(图 5-5),设置拉伸高度,完成拉伸形状的绘制,如图 5-6 所示。

图 5-5 【修改|放置 线】选项卡

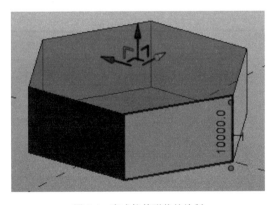

图 5-6 完成拉伸形状的绘制

## 二、旋转形状

选择【创建】选项卡中【工作平面】面板的【设置】命令,拾取相关面作为工作平面。

绘制旋转截面并绘制一条旋转轴,如图 5-7 所示。

按 Ctrl 键选择所绘制的旋转截面和旋转轴,单击【修改|放置 线】选项卡下【形状】面

板中【创建形状】命令,选择实心形式,系统将创建角度为 360°的旋转形状,如图 5-8 所示。

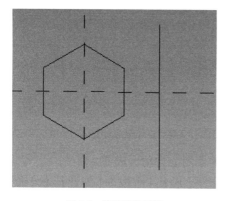

图 5-7　旋转形状草图

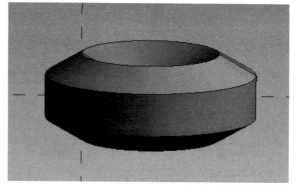

图 5-8　旋转形状

选择旋转样式,在【属性】对话框中调整旋转角度,如图 5-9 所示。

将角度调整为 0°~180°或 180°~360°,其效果如图 5-10 所示。

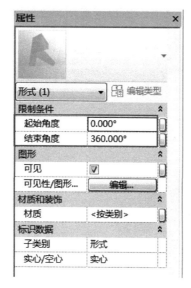

图 5-9　旋转形状实例参数

图 5-10　180°旋转形状

## 三、融合形状

分别绘制截面 1 和截面 2 的工作平面,并绘制相应截面,如图 5-11 所示。

按 Ctrl 键选择所绘制的标高 1 和标高 2 的截面,单击【修改 | 放置 线】选项卡下【形状】面板中【创建形状】命令,完成融合形状的创建,如图 5-12 所示。

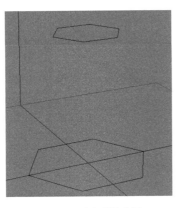
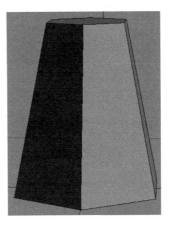

图 5-11　融合形状草图　　　　图 5-12　融合形状

## 四、放样形状

选择【创建】选项卡中【工作平面】面板的【设置】命令，拾取相关面作为工作平面。单击【绘制】面板内"通过点的样条曲线"按钮，绘制放样路径，如图 5-13 所示。

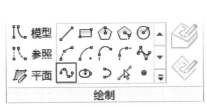

a)"通过点的样条曲线"按钮　　　　　　　　b) 放样路径

图 5-13　绘制放样路径

单击【工作平面】面板内的【设置】按钮，设置放样截面工作平面；再单击【绘制】面板内的"圆形"按钮绘制截面，如图 5-14 所示。

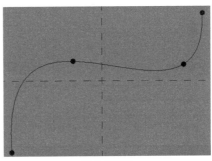

图 5-14　绘制放样截面

按 Ctrl 键选择所绘制的放样路径和放样截面工作面，单击【修改 | 放置 线】选项卡下

【形状】面板中【创建形状】命令,完成放样形状的创建,如图 5-15 所示。

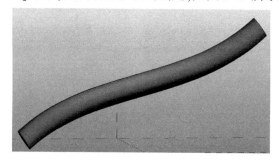

图 5-15　放样形状

## 第三节　案例实操

根据图 5-16 给定数据,用概念体量方式创建模型。

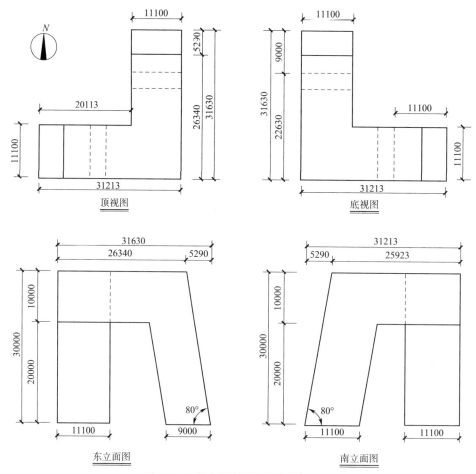

图 5-16　央视大楼各视图(尺寸单位:mm)

**解析：**

首先，通过顶视图可以看到，该主体形状为下面一个大"L"形、上面一个小"L"形。其中大"L"形的尺寸分别为 11100、31630、31213、11100 和 20113（从顶视图最上面那条边开始顺时针读取各条边的尺寸，下同）；小"L"形的尺寸分别为 11100、26340、25923（该条边的尺寸与南立面图最上面那条边的尺寸相等）和 11100。这两个"L"形创建完成之后先生成一个实体形状，再分别到东立面和南立面进行剪切即可。

**操作步骤：**

（1）打开 Revit 软件，单击主界面左上角 图标，然后单击【新建】选项卡中的【概念体量】，选择【公制体量】，点击【打开】，如图 5-1 所示。

（2）单击鼠标左键，选中标高 1 并按住 Ctrl 键，往上拖动，将尺寸改为 30000（由东立面图和南立面图可知，该主体的高度为 30m），如图 5-17 所示。

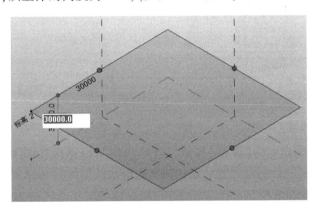

图 5-17 创建标高 2

（3）选中标高 1 所在平面，单击【绘制】面板中的"模型"按钮 ，选择"直线"命令，绘制题中顶视图的外轮廓，如图 5-18 所示。

（4）选中标高 2 所在平面，单击【绘制】面板中的"模型"按钮 ，选择"直线"命令，绘制题中顶视图的内轮廓，绘制完成后按两次 Esc 键退出绘制，如图 5-19 所示。

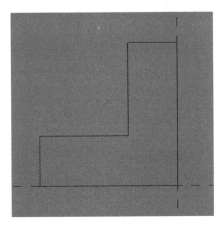

图 5-18 绘制外轮廓

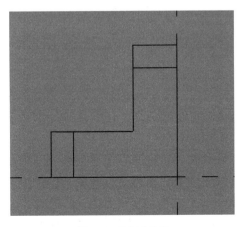

图 5-19 绘制内轮廓

(5)按 Ctrl 键选择前两次所绘制的图形,单击【修改|放置 线】选项卡下【形状】面板中【创建形状】命令的【实心形状】,完成融合形状的创建,如图 5-20 所示。

(6)打开项目浏览器,展开【立面】目录,首先进入南立面图,注释南立面图所示的角度,检测其角度是否为 80°;由于图 5-16 所示南立面图中左下角尺寸标注为 11100 那条边是直角三角形的斜边,因此绘制时需要做几个辅助面,再根据这些辅助面绘制一个角度为 80°的参照平面,如图 5-21 所示。

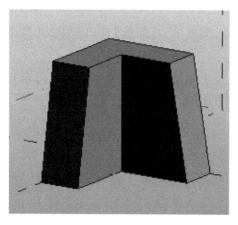

图 5-20 生成实体形状

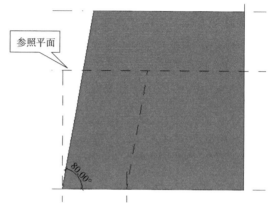

图 5-21 作南立面图辅助平面

(7)单击【绘制】面板中的【模型】按钮,选择"直线",根据南立面图绘制图 5-22a)所示的形状(超出线框绘制的目的是方便后期创建实心形状的拉伸),切换到三维视图,创建一个实心形状,如图 5-22b)所示。

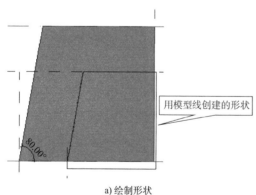

a)绘制形状

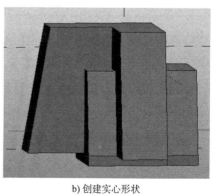

b)创建实心形状

图 5-22 创建形状

(8)单击刚创建好的实心形状,将【属性】对话框中的【实心】改为【空心】,所得图如图 5-23 所示。

(9)回到东立面图,采用上述方法,可得图 5-24 所示的图。

(10)对东立面的图形进行测量,检测所画的图形是否与题目一致,如图 5-25 所示。

(11)其他各视图均采用上述方法检验。

(12)最后,将该项目文件以"体量模型"的名称保存,完成该模型的创建。

 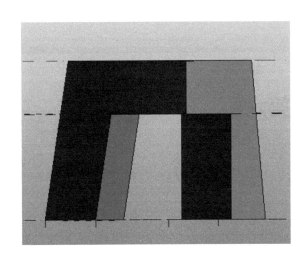

a)【属性】对话框　　　　　　　　　　b) 三维视图

图 5-23　将实心改为空心

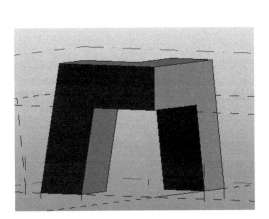 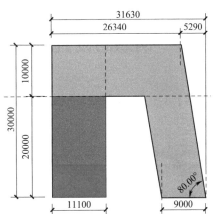

图 5-24　三维视图(斜轴测图)　　　图 5-25　通过测量尺寸检测所绘图形是否正确

# 第六章 钢筋

使用"钢筋"工具可将钢筋图元添加到相关有效结构主体上,结构主体包括结构框架、结构柱、结构基础、结构连接等。在选择了有效的主体图元后,需设置【结构】选项卡的【钢筋】面板。

## 第一节 钢筋的设置

【结构】选项卡中【钢筋】面板包括钢筋、区域、路径、钢筋网区域、钢筋网片和保护层,如图6-1所示。

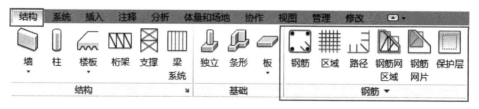

图6-1 【钢筋】面板

布置钢筋前,需使用【钢筋设置】对话框调整钢筋建模的常规设置。单击【结构】选项卡→【钢筋】面板下拉菜单 ▼ →【钢筋设置】,如图6-2所示。

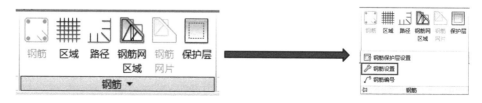

图6-2 打开【钢筋设置】

单击【钢筋】面板中的【钢筋设置】,会弹出【钢筋设置】对话框。其中包含了常规、钢筋舍入、钢筋演示视图、区域钢筋和路径钢筋共 5 个板块。下面针对这几个板块作细致的介绍。

## 一、【常规】选项卡设置

【常规】选项卡(图 6-3)中常规钢筋设置包括：

①【在区域和路径钢筋中启用结构钢筋】：勾选此选项，钢筋图元可见；禁用此选项，除非创建主体图元的剖面视图，否则钢筋图元不可见。

②【在钢筋形状定义中包含弯钩】：通过此选项定义钢筋中有无弯钩，在项目中放置任何钢筋之前定义此选项。以默认设置放置钢筋后，将无法清除此选项。

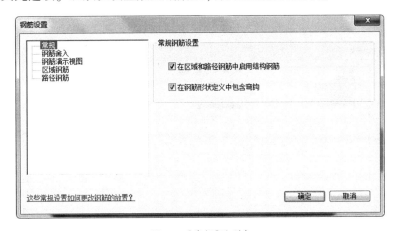

图 6-3 【常规】选项卡

## 二、【钢筋舍入】选项卡设置

【钢筋舍入】选项卡(图 6-4)中各个选项含义如下：

①使用钢筋舍入：勾选此选项，则计算的钢筋长度和钢筋段长度将被舍入。禁用此选项，则计算的钢筋长度和钢筋段长度将显示精确值。

②钢筋长度：指定结构钢筋的钢筋长度值。

③钢筋段长度：指定结构钢筋的钢筋段长度值。

④钢筋网片尺寸：指定结构钢筋网的钢筋网片尺寸值。

当从列表中选择"自定义"，可在【舍入增量】文本框中输入未列出的值。

## 三、【钢筋演示视图】选项卡设置

【钢筋演示视图】选项卡(图 6-5)可用来设置视图和剖面中钢筋集的演示视图形式，包含全部显示、显示第一个和最后一个以及显示中间三种方式。

①【全部显示】效果如图 6-6 所示。

②【显示第一个和最后一个】效果如图 6-7 所示。

③【显示中间】效果如图 6-8 所示。

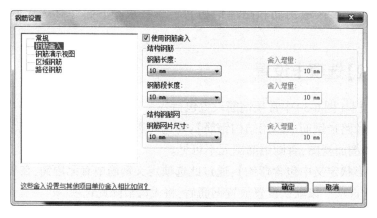

图 6-4 【钢筋舍入】选项卡

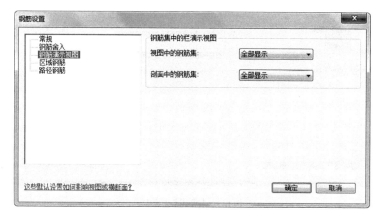

图 6-5 【钢筋演示视图】选项卡

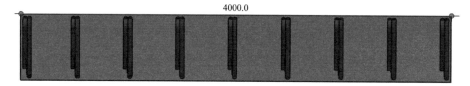

图 6-6 【全部显示】效果

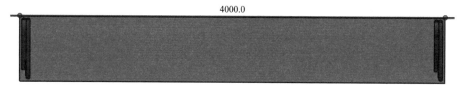

图 6-7 【显示第一个和最后一个】效果

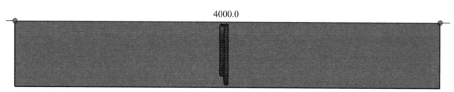

图 6-8 【显示中间】效果

## 四、【区域钢筋】或【路径钢筋】选项卡设置

在【钢筋设置】对话框中,单击【区域钢筋】或【路径钢筋】,可更改区域或路径钢筋的标记缩写,如图6-9、图6-10所示。

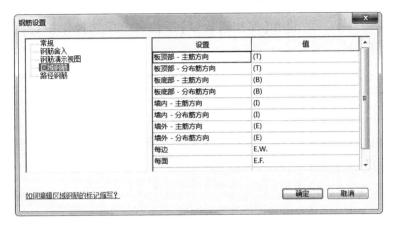

图6-9 【区域钢筋】选项卡

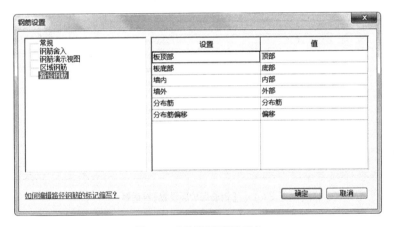

图6-10 【路径钢筋】选项卡

两选项卡左侧(设置)都是可设置的注释缩写列表,右侧(值)则是可编辑的缩写。选择并高亮显示某个值,将缩写编辑成注释中应有的内容,单击【确定】按钮接受对缩写的修改。

# 第二节 钢筋保护层的设置和创建

钢筋保护层是钢筋参数化延伸到的混凝土主体的内部偏移,用于设置和锁定各个钢筋实例相对于混凝土主体图元的几何图形。与保护层参照接触的钢筋将捕捉并附着到该保护层参照,如图6-11所示。钢筋保护层参数会影响附着的钢筋。如果修改主体的保护层设置,将不会偏移已放置在主体内的其他钢筋。

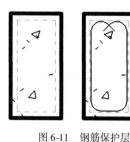

图 6-11 钢筋保护层

具体的设置如下：
①点击功能区中的【结构】选项卡→【钢筋】面板→【保护层】；
②选择将设置保护层的主体图元或面，【编辑钢筋保护层】后面的两个按钮，第一个为"拾取图元"，第二个为"拾取面"，如图 6-12 所示；
③在【保护层设置】下拉菜单中选择保护层类型，如图 6-12 所示；

图 6-12 钢筋保护层设置选项栏

④如果无相应保护层类型，可以单击图 6-12 最右侧按钮【…】，弹出【钢筋保护层设置】对话框，如图 6-13 所示，新建相应保护层类型。

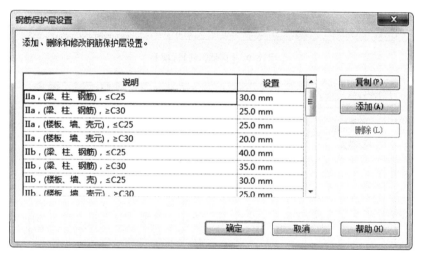

图 6-13 【钢筋保护层设置】对话框

## 第三节 结构钢筋的创建

通过命令可将单个钢筋实例放置在有效主体平面、立面或剖面视图中。可绘制钢筋，包括平面钢筋和多平面钢筋。具体操作方法如下：
（1）将操作平面切换为需添加钢筋的平面视图。
（2）单击【结构】选项卡→【钢筋】面板→【钢筋】。
（3）设置钢筋形状和放置平面（图 6-14）。

图 6-14 设置选项栏

①设置钢筋形状:选择钢筋形状。

②设置钢筋放置平面:包括当前工作平面、近保护层参照、远保护层参照;此平面定义主体上钢筋的放置位置。

(4)选择放置方向或透视。

①平面钢筋:在【修改|放置钢筋】选项卡的【放置方向】面板中,单击如下放置方向之一,即定义了放置到主体中时的钢筋对齐方向,如图 6-15 所示。

- ▯ (平行于工作平面);
- ▯ (平行于保护层);
- ▯ (垂直于保护层)。

图 6-15 【放置方向】面板

②多平面钢筋:在【修改|放置钢筋】选项卡下【放置透视】面板中,单击如下放置透视之一,即定义了多平面钢筋族的哪一侧平行于工作平面,如图 6-16 所示。

- ▯ (俯视);
- ▯ (仰视);
- ▯ (前视);
- ▯ (后视);
- ▯ (右视);
- ▯ (左视)。

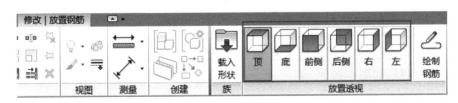

图 6-16 【放置透视】面板

(5)设置钢筋布局。

在【修改|放置钢筋】选项卡下【钢筋集】面板中选择钢筋集的布局,如图 6-17 所示。

①固定数量:钢筋之间的间距是可调整的,但钢筋数量是固定的,以输入为基础。

②最大间距:指定钢筋之间的最大距离,但钢筋数量会根据第一条和最后一条钢筋之间的距离发生变化。

③间距数量:指定数量和间距的常量值。

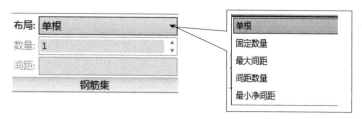

图 6-17 【钢筋集】面板

图 6-18 结构钢筋的放置

④最小净间距:指定钢筋之间的最小距离,但钢筋数量会根据第一条和最后一条钢筋之间的距离发生变化。即使钢筋大小发生变化,该间距仍会保持不变。

(6)放置钢筋。

将钢筋放置到主体中,如图 6-18 所示。在放置时按空格键,以便在保护层中旋转钢筋的方向。放置后,可以通过选择钢筋,并使用空格键来切换方向。钢筋长度默认为主体图元的长度,或者保护层参照限制条件内其他主体图元的长度。要编辑长度,可在平面或立面视图中选择钢筋实例,并根据需要修订端点。

注意:要更改钢筋形状的主体,可选择钢筋形状,单击【修改|结构钢筋】选项卡下【主体】面板中的"拾取新主体"按钮 ,即可选择新的钢筋主体。

## 第四节 区域钢筋的创建

使用结构区域钢筋工具在楼板、墙、基础底板和其他混凝土主体中放置数量较大且均匀放置的钢筋。具体操作步骤如下:

(1)单击【结构】选项卡→【钢筋】面板→【区域】。

(2)选择要放置区域钢筋的楼板、墙或基础底板。

(3)绘制区域钢筋草图。

单击【修改|创建钢筋边界】选项卡→【绘制】面板→"线形钢筋"按钮 ,使用草图绘制工具绘制闭合区域,如图 6-19 所示。

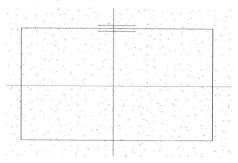

图 6-19 区域钢筋草图

(4)设置主筋方向。

单击【修改|创建钢筋边界】选项卡→【绘制】面板→【主筋方向】,使用平行线符号表示区域钢筋的主筋方向的边缘。

(5)在实例属性对话框中设置相关参数,如图6-20所示。

图6-20 区域钢筋实例属性对话框

单击【修改|创建钢筋边界】选项卡→【模式】面板→"完成编辑模式"按钮，完成区域钢筋的绘制,并将区域钢筋符号和标记放置在区域钢筋中心,如图6-21所示。

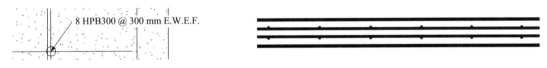

图6-21 完成区域钢筋的绘制

## 第五节 路径钢筋的创建

使用路径钢筋的绘制工具可以绘制由钢筋系统填充的路径。具体操作步骤如下:
(1)单击【结构】选项卡→【钢筋】面板→【路径】。
(2)选择钢筋主体,并绘制钢筋路径,以确保不会形成闭合环。
(3)单击"翻转控制"按钮，可将钢筋翻转到路径的对侧,如图6-22所示。

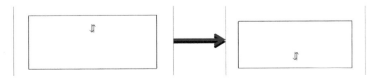

图6-22 翻转控制示意图

(4)设置路径钢筋相关参数,如图 6-23 所示。

各参数说明如下:

①布局规则:指定钢筋布局的类型。可选择【最大间距】或【固定数量】。

②附加的偏移:指定与钢筋保护层的附加偏移。

③视图可见性状态:访问钢筋视图可见性状态。

④钢筋体积:计算并显示钢筋体积。

⑤面:区域钢筋属性为内部面或外部面,反映钢筋的垂直方向,如结构墙等;区域钢筋属性顶部或底部,反映钢筋的水平方向,如楼板等。

⑥钢筋间距:指定在主筋方向上放置钢筋的间距。

⑦钢筋数:指定钢筋中钢筋实例个数。

⑧主筋-类型:指定钢筋的类型。

⑨主筋-长度:指定钢筋的长度。

图 6-23　结构路径钢筋实例属性对话框

⑩主筋-起点弯钩类型:指定弯钩类型(【标准】或【镫筋/箍筋】)和路径钢筋的起点角度。

⑪主筋-终点弯钩类型:指定弯钩类型(【标准】或【镫筋/箍筋】)和路径钢筋的终点角度。

⑫主筋-弯钩方向:指定钢筋的弯钩方向,如内、外部或上、下面。

⑬分布筋:选中该选项后,即启用分布筋的类型。

⑭分布筋-类型:指定钢筋的类型。选择【分布筋】参数可以用该参数。

⑮分布筋-长度:指定钢筋的长度。选择【分布筋】参数可以用该参数。

⑯分布筋-偏移:指定与主筋之间的偏移距离。选择【分布筋】参数可以用该参数。

⑰分布筋-起点弯钩类型:指定弯钩类型(【标准】或【镫筋/箍筋】)和路径钢筋的起点角度。选择【分布筋】参数可以用该参数。

⑱分布筋-终点弯钩类型:指定弯钩类型(【标准】或【镫筋/箍筋】)和路径钢筋的终点角度。选择【分布筋】参数可以用该参数。

⑲分布筋-弯钩方向:指定钢筋的弯钩方向,包括向上或向下。选择【分布筋】参数可以用该参数。

(5)单击【修改|创建钢筋路径】选项卡→【模式】面板→"完成编辑模式"按钮 ,完成绘制,如图 6-24 所示。

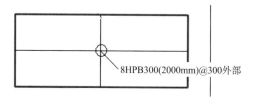

图 6-24　完成路径钢筋绘制

## 第六节　钢筋网片的创建

使用此功能可以将钢筋网片添加到已有混凝土墙或楼板部等主体对象上。具体操作步骤如下：

（1）单击【结构】选项卡→【钢筋】面板→【钢筋网片】。
（2）选择钢筋网片类型，并设置相关参数，如图6-25所示。
（3）在放置主体上单击放置点位置，完成钢筋网片的放置，如图6-26所示。

图6-25　钢筋网片实例属性对话框

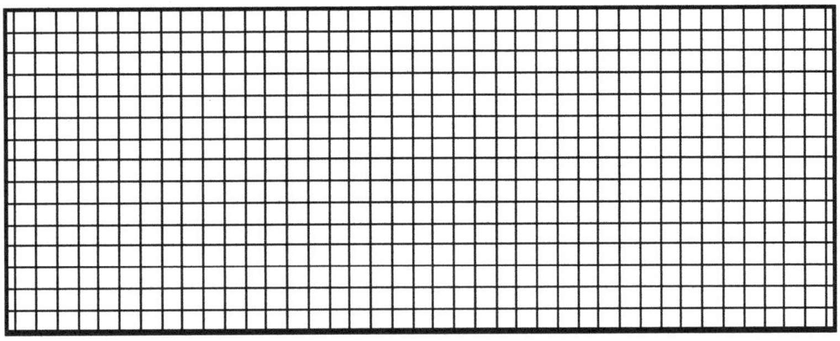

图6-26　放置钢筋网片

## 第七节　钢筋网区域的创建

通过绘制工具定义钢筋网片覆盖区域，并填充钢筋网片。具体操作步骤如下：

（1）单击【结构】选项卡→【钢筋】面板→【钢筋网区域】。
（2）选择楼板、墙或基础底板以便设置钢筋网区域。
（3）单击【修改|创建钢筋网边界】选项卡→【绘制】面板→"边界线"按钮，绘制一条闭合的回路，如图6-27所示。
（4）平行线符号表示钢筋网区域的主筋方向边缘。在草图模式下，可以更改此区域的主筋方向。
（5）在钢筋网区域实例属性对话框选择合适的选项，如图6-28所示。
（6）单击【修改|创建钢筋网边界】选项卡→【模式】面板→"完成编辑模式"按钮，完成绘制。

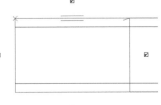

图6-27　钢筋网区域草图

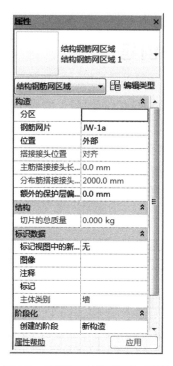

图 6-28　钢筋网区域实例属性对话框

## 第八节　钢筋形状及修改

钢筋形状由镫筋、箍筋以及可以指定圆角和弯钩的直钢筋组成。用户可以控制和调整各个形状以满足模型中的钢筋需求。

修改钢筋形状：通过此功能可手动调整相对于主体保护层参照捕捉行为的钢筋图元形状。具体操作步骤如下：

（1）选择要修改的钢筋。

（2）修改钢筋形状。

修改钢筋形状有如下三种方式：

①从选项栏中的【钢筋形状类型】下拉列表中选择新的形状。

②从【钢筋形状浏览器】中选择，可在选项栏中单击 按钮。

③在【属性】选项板顶部的【类型选择器】中，选择所需的钢筋类型。

（3）单击并拖曳钢筋形状控制柄，以重新定位钢筋和钢筋段的长度。

（4）若要修改钢筋草图，可单击【修改│结构钢筋】选项卡→【模式】面板→"编辑草图"按钮 。

螺旋钢筋与其他钢筋族不同，螺旋钢筋是多平面钢筋且无法在族标高中编辑。但是，可以缩放和旋转单个实例。下面重点讲解一下螺旋钢筋。

(1)调整螺旋筋的高度

如果需要修改螺旋的长度,可通过拖曳钢筋螺旋顶部和底部的三角形控制拉长或缩短螺旋高度,如图6-29所示。

(2)修改螺旋筋直径

如果要修改螺旋筋的直径,可以通过拖曳缩放顶部钢筋线圈的圆点控制柄来调整,如图6-30所示。

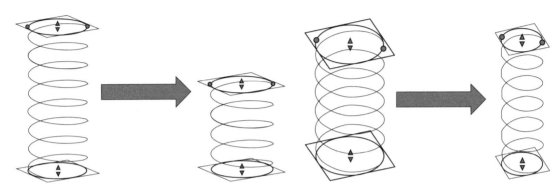

图6-29　调整螺旋筋高度　　　　　　　　图6-30　修改螺旋筋直径

(3)旋转螺旋筋

如果要旋转螺旋筋,可通过旋转螺旋筋的定位来对齐钢筋的端点。拖曳钢筋线圈顶部圆点控制柄,可以旋转钢筋端点的位置,如图6-31所示。

(4)修改螺旋筋实例属性

修改螺旋筋实例属性,可改变螺旋筋的形状及布局方式,下列实例属性是【实例属性】选项板中螺旋筋所特有的属性。

①底部面层匝数:指定用来闭合螺旋筋底部的完整线圈匝数,如图6-32所示。

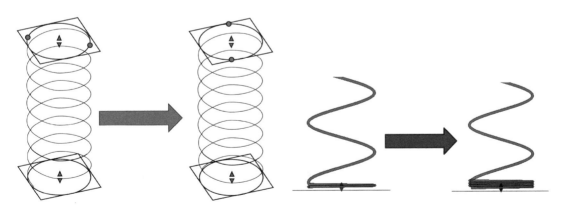

图6-31　旋转螺旋筋　　　　　　　　图6-32　底部面层匝数修改

②顶部面层匝数:指定用来闭合螺旋筋顶部的完整线圈匝数,如图6-33所示。
③高度:指定螺旋筋的总高度。
④螺距:指定螺旋筋中钢筋线圈之间的距离,如图6-34所示。

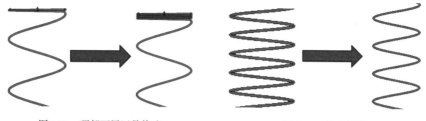

图 6-33　顶部面层匝数修改　　　　图 6-34　修改螺距

## 第九节　钢筋的视图显示

### 一、清晰的视图

清晰的视图是指在视觉模式下,选定的钢筋都会显示。钢筋不会被其他图元遮挡,而是显示在所有遮挡图元的前面。被剖切面剖切的钢筋图元始终可见。禁用该参数后,将在除【线框】外的所有【视觉样式】视图中隐藏钢筋。

### 二、作为实体查看

应用实体视图后,当视图的详细程度设置为精确时,视图将以实际体积表示符号中显示的钢筋。该视图参数仅适用于三维视图。具体操作步骤如下:

(1)选择相关钢筋对象,在钢筋实例属性对话框中单击【可见性/图形替换】后的【编辑】按钮,如图 6-35 所示。

(2)在弹出的【钢筋图元视图可见性状态】对话框中勾选对应视图选项,如图 6-36 所示。点击右下角的【确定】按钮,完成设置。

图 6-35　钢筋实例属性对话框

图 6-36　钢筋图元视图可见性设置

# 第七章

# 渲染和漫游

## 第一节 渲染外观

### 一、材质简介

材质是表现对象表面颜色、纹理、图案、质地和材料等特性的一组设置。通过将材质附着给三维建筑模型,可以在渲染时显示模型的真实外观。

在 Revit 中,材质代表实际的材质,例如混凝土、木材和玻璃等。这些材质可以应用于设计的各个部分,使对象具有真实的外观。

### 二、材质设置

用户可以将系统提供的材质库中的材质赋予模型。当系统提供的材质库无法满足设计要求时,用户还可以自定义一个新材质。

切换至【管理】选项卡,单击【设置】面板中的【材质】按钮 ,如图 7-1a)所示,系统将打开【材质浏览器】对话框,如图 7-1b)所示。

该对话框的左侧为材质列表,包含项目中的材质和系统库中的材质;右侧为材质编辑器,包含选中材质的各资源选项卡,用户可以进行相应的参数设置。

(1)材质列表

位于材质列表上方的项目材质列表中列出了当前项目中的所有材质,用户可以通过指定类别来过滤显示相应的材质,还可以更改项目材质在列表框中的显示样式,如图 7-2 所示。

位于材质列表下方的库材质则是由系统默认提供的材质。材质库是材质和相关资源的集合,系统通过添加类别并将材质移动到类别中对库进行细分,如图 7-3 所示。

a)【设置|材质】选项卡

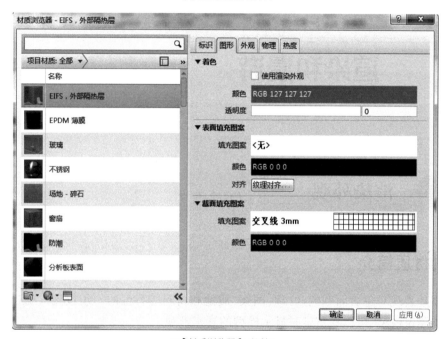

b)【材质浏览器】对话框

图 7-1　打开【材质浏览器】

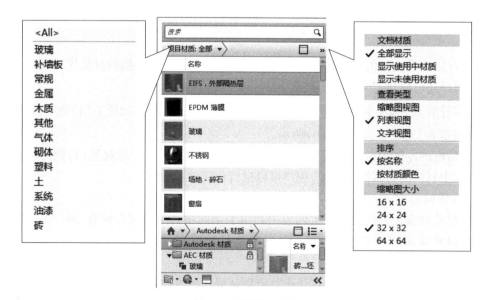

图 7-2　项目材质列表

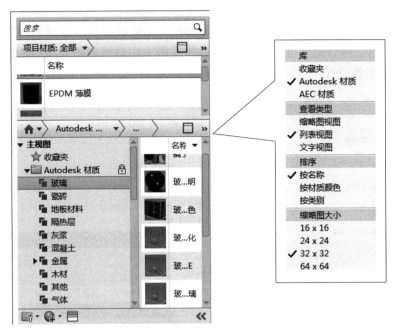

图 7-3 库材质列表

用户可以通过以下操作将库列表中的指定材质添加到项目材质列表中。

①双击库列表中的材质。

②将材质从库列表拖放到项目材质列表中。

③在材质上右击,选择【添加到】|【文档材质】选项,如图 7-4 所示。

④选择库列表中的材质,然后单击位于材质右侧的"添加"按钮 ⬆ ,如图 7-4 所示。

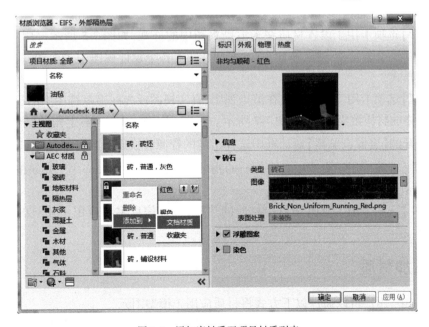

图 7-4 添加库材质至项目材质列表

(2)材质编辑器

在材质列表中选择一材质,系统将在右侧的材质编辑器中显示该材质的相关资源选项卡,如图7-5所示。然后用户可以切换至相应的选项卡中进行参数设置,并单击【应用】按钮,完成材质参数的设置。

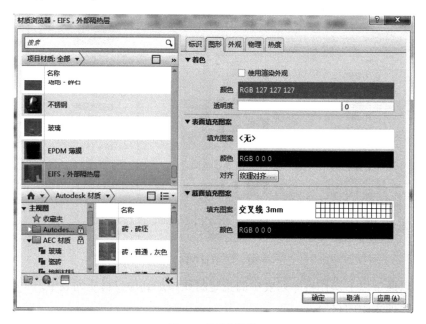

图7-5 材质编辑器

材质编辑器中各资源选项卡的参数含义如下:

①【标识】选项卡用于设置材质的相关信息,如图7-6所示。用户可以在相应的文本框中输入详细的注释信息。

②【图形】选项卡用于设置材质在未渲染视图中的外观,如图7-5所示。用户可以通过图形设置控制模型图元在三维、平面、立剖面和详图等各个设计视图中表面和截面的颜色以及填充图案样式。

③【外观】选项卡用于控制材质在渲染视图、真实视图或光线追踪视图中的显示方式,其决定模型最终的材质渲染效果,如图7-7所示。其中,用户可以单击右上角的"替换资源"按钮,在打开的【资源浏览器】对话框中选择指定的资源替换现有的资源,如图7-8所示。

④【物理】选项卡用于更改项目中材质的物理属性,其信息主要应用于建筑的结构分析,如图7-9所示。

⑤【热度】选项卡用于更改项目中材质的热属性,其信息主要应用于建筑的热分析,如图7-10所示。

## 三、添加材质

在Revit中,用户可以通过以下方式将材质应用于模型图元。

切换至【管理】选项卡,在【设置】面板中单击【对象样式】按钮,系统将打开【对象样式】对话框,如图 7-11 所示。

图 7-6 【标识】选项卡

图 7-7 【外观】选项卡

图 7-8　替换资源

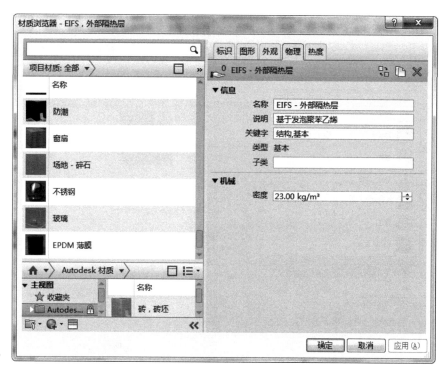

图 7-9　【物理】选项卡

图 7-10 【热度】选项卡

a)【设置|对象样式】选项卡

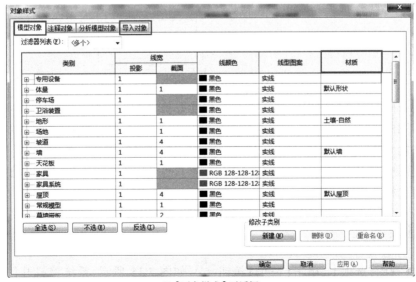

b)【对象样式】对话框

图 7-11 打开【对象样式】

此时,切换至【模型对象】或【导入对象】选项卡,在相应的类别或子类别对应的【材质】列表框中单击激活,然后单击【浏览】按钮,即可在打开的【材质浏览器】对话框中选择相应的材质。以后在项目视图中,选定类别或子类别的所有图元均显示应用的材质。

# 第二节　渲染操作

渲染是基于三维场景来创建二维图像的一个过程。该操作通过使用在场景中已设置好的光源、材质和配景,为场景的几何图形着色。通过渲染可以将建筑模型的光照效果、材质效果以及配景外观等完美地表现出来。

## 一、创建透视图

渲染之前,一般要先创建相机透视图,生成渲染场景。

打开一个平面视图、剖面视图或立面视图,并且平铺窗口;在【视图】选项卡下【创建】面板的【三维视图】下拉列表中选择【相机】选项,如图 7-12 所示。

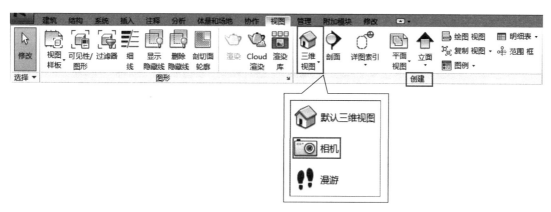

图 7-12 　【创建│三维视图】选项卡

在平面视图绘图区域中单击放置相机并将光标拖曳到所需目标点,如图 7-13a) 所示。选择三维视图的视口,视口各边出现 4 个蓝色控制点,如图 7-13b) 所示,可通过拖曳这 4 个点控制视口的大小。

在立面图中按住相机可以上下移动,相机的视口也会跟着上下摆动,以此可以创建鸟瞰透视图或者俯视透视图,如图 7-14 所示。

## 二、渲染设置

切换至【视图】选项卡,单击【渲染】按钮,如图 7-15 所示,系统将打开【渲染】对话框,如图 7-16 所示。

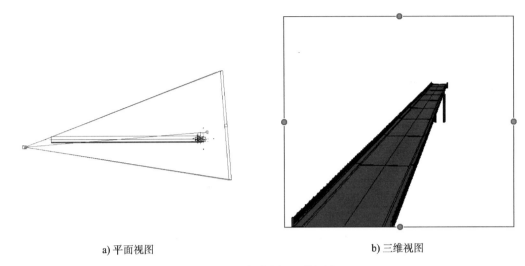

a) 平面视图　　　　　　　　　　　　　　b) 三维视图

图 7-13　平面视图和三维视图

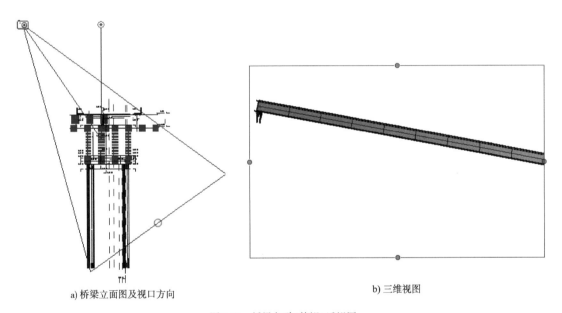

a) 桥梁立面图及视口方向　　　　　　　　b) 三维视图

图 7-14　桥梁鸟瞰（俯视）透视图

图 7-15　【视图】选项卡

上述【渲染】对话框各主要参数的含义分别介绍如下：
(1) 质量。从该选项组的列表框中可以选择渲染质量的等级。

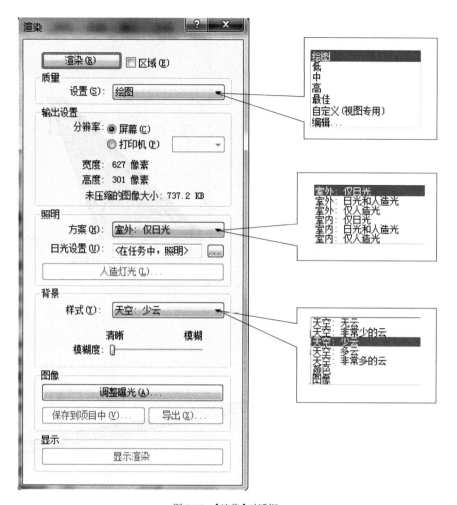

图 7-16 【渲染】对话框

(2)输出设置。在渲染过程中,渲染图像的大小或分辨率对渲染时间具有可预见的影响。图像尺寸或分辨率的值越高,生成渲染图像所需的时间就越长。在该选项组中,用户可以设置图形输出的像素,如图 7-17 所示。

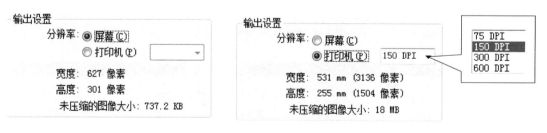

图 7-17 【输出设置】选项卡

(3)照明。在该选项组中,用户可以根据实际情况指定渲染的照明方式。当选择日光时,还可以单击"选择太阳位置"按钮 ,在打开的对话框中设置日光的相应参数,如图 7-18 所示。

图 7-18　设置日光参数

（4）背景。在该选项组中，用户可以为渲染图像添加相应的背景，其中有指定单色、使用天空和云、指定自定义图像 3 种。

①指定单色：在【样式】下拉列表中选择【颜色】选项，然后单击下方的颜色图块，即可在打开的【颜色】对话框中为渲染图像指定背景颜色，如图 7-19 所示。

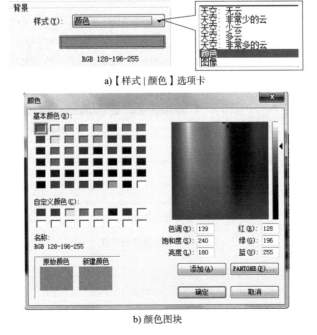

a)【样式|颜色】选项卡

b) 颜色图块

图 7-19　设置背景颜色

②使用天空和云：在该选项组中，可以使用天空和云指定背景，还可以通过模糊度滑块来调整背景的喷雾效果，如图 7-20 所示。

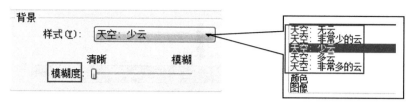

图 7-20　设置背景模糊度

③指定自定义图像：在该选项组中，用户可以选择指定的图像作为背景，并可以设置该图像的相应参数，如图 7-21 所示。

a)【背景】对话框

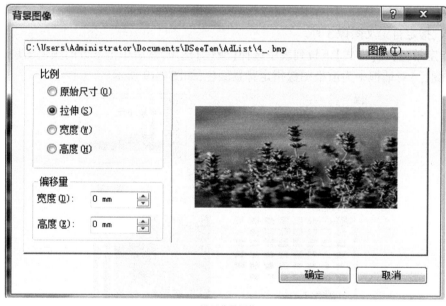

b)设置背景图像

图 7-21　背景图像的设置

## 三、渲染

渲染操作的最终目的是创建渲染图像。完成渲染相关参数的设置后，即可渲染视图，以创建三维模型的照片级真实感图像。

(1) 全部渲染和区域渲染

在 Revit 中,渲染操作分为全部渲染和区域渲染两种方式。

①全部渲染。

完成模型相关渲染参数的设置后,单击【渲染】对话框中上方的【渲染】按钮,即可开始渲染图像。此时系统将显示一个【渲染进度】对话框,显示有关渲染过程的信息,包括采光口数量和人造灯光数量,如图 7-22 所示。

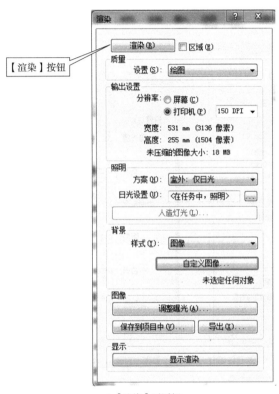

a)【渲染】对话框

b)【渲染进度】对话框

图 7-22 渲染操作

当系统完成模型的渲染后,图 7-22b) 所示的【渲染进度】对话框将关闭,系统将在绘图区域显示渲染图像。

②区域渲染。

利用该方式可以快速检验材质渲染效果,节约渲染时间。在【渲染】对话框上方启用【区域】复选框,如图 7-23 所示,系统将在渲染视图中显示一个矩形的红色渲染范围边界线。

图 7-23 【区域】复选框

（2）调整曝光

渲染图像时，曝光控制和所使用的照明、材质一样重要，其模仿人眼对与颜色、饱和度、对比度和眩光有关的亮度值的反应，可将真实世界的亮度值转换为真实的图像。

渲染操作完成后，在【渲染】对话框中单击【调整曝光】按钮，系统将打开【曝光控制】对话框，如图 7-24 所示。此时，用户可通过输入参数值或者拖动滑块来设置图像的曝光值、亮度和中间色调等参数。

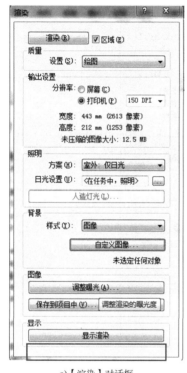

a)【渲染】对话框

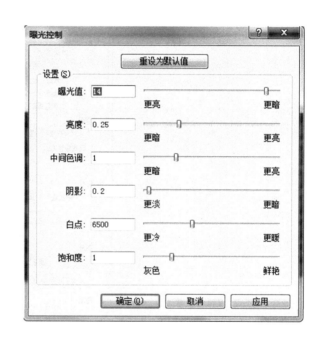

b)【曝光控制】对话框

图 7-24 设置曝光参数

# 第三节 漫游

漫游是指沿着定义的路径移动相机，该路径由帧和关键帧组成，其中，关键帧是指可在其中修改相机方向和位置的可修改帧。

## 一、创建漫游路径

在 Revit 中，创建漫游视图首先需要创建漫游路径，然后编辑漫游路径关键帧中的相机位置和视角方向。

打开要放置漫游路径的视图,然后切换至【视图】选项卡,在【三维视图】下拉列表中单击【漫游】按钮 ,系统将打开【修改|漫游】选项栏。此时,勾选【透视图】复选框,并设置视点的高度参数。接着,移动光标在视图中的相应位置,沿指定方向依次单击放置关键帧,即可完成漫游路径的创建,如图7-25所示。

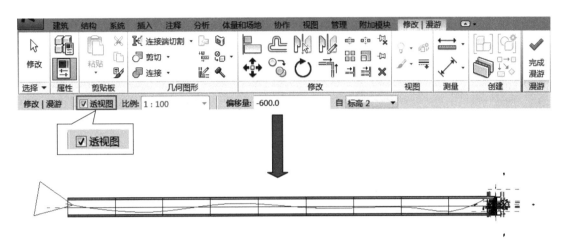

图 7-25　创建漫游路径

完成漫游路径的创建后,可以编辑关键帧。相机关键帧放置完成后,系统自动创建漫游视图,并为其指定名称"漫游1",用户可以在【项目浏览器】对话框中重命名该漫游视图,如图7-26所示。

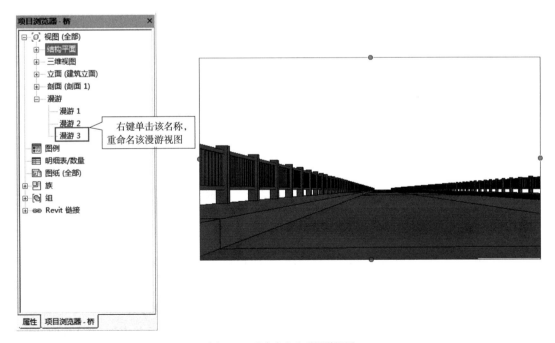

图 7-26　重命名和查看漫游视图

## 二、漫游预览与编辑

完成漫游视图的创建后,用户可以随时预览其效果,并编辑其路径关键帧的相机位置和视角方向,以达到满意的漫游效果。

打开漫游视图,单击选择视图边界,系统将展开【修改 | 相机】选项卡,在该选项卡中即可预览并编辑漫游视图,如图 7-27 所示。

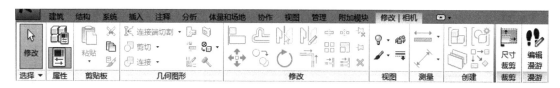

图 7-27　【修改 | 相机】选项卡

(1) 裁剪漫游视图

完成漫游视图的创建后,用户可以通过尺寸裁剪和拖曳两种方式裁剪视图的边界。

① 尺寸裁剪。

单击视图边界,然后在激活的选项卡中单击【尺寸裁剪】按钮,系统将打开【裁剪区域尺寸】对话框,如图 7-28 所示,设置相应尺寸参数值,即可完成视图边界的裁剪。

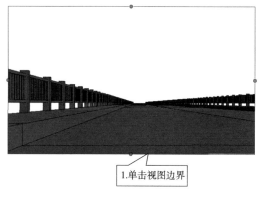

图 7-28　尺寸裁剪

② 拖曳。

单击视图边界,各边界上将显示蓝色的实心圆点。此时,用户可通过拖曳各相应圆点来调整视图的边界范围,拖曳效果如图 7-29 所示。

(2) 预览漫游视图

单击视图边界,然后单击功能区中的【编辑漫游】按钮,系统将打开【编辑漫游】选项卡和相应的选项栏,如图 7-30 所示。

在选项栏中,系统默认的漫游视频为 300 帧画面,用户可以在【帧】文本框中设置参数为 1.0(图 7-31),此时漫游视图将切换至所建漫游路径的起点位置,然后单击【播放】按钮,即可自动预览漫游效果。

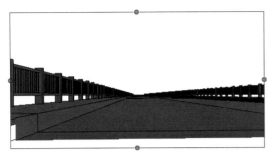
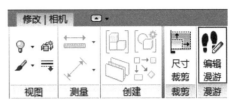

图 7-29　拖曳效果图　　　　　　　　图 7-30　【编辑漫游】命令

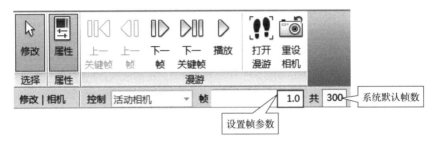

图 7-31　设置帧参数

(3) 编辑漫游视图

在【视图】选项卡中利用【平铺窗口】工具同时打开平面视图和漫游视图,然后在漫游视图中选择视图边界,此时平面视图中将显示漫游路径和漫游相机,如图 7-32 所示。

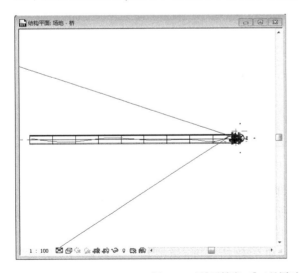
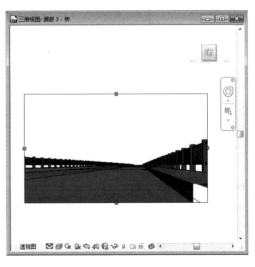

图 7-32　用【平铺窗口】工具同时打开平面视图和漫游视图

接着,移动光标激活平面视图,并单击功能区中的【编辑漫游】按钮,系统将打开【编辑漫游】选项卡和相应的选项栏,且平面视图上将显示相应的关键帧点和相机位置。此时,用户可通过选项栏中的【控制】列表框选择相应的模式来编辑漫游路径、相机视角或关键帧,如图 7-33 所示。

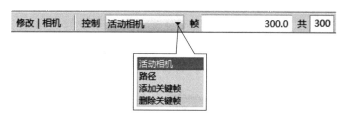

图 7-33 【控制】列表

## 三、设置漫游帧

在【编辑漫游】选项栏中单击"帧设置"按钮,系统将打开【漫游帧】对话框,如图 7-34 所示。

a) "帧设置"按钮

b) 【漫游帧】对话框

图 7-34 打开【漫游帧】

此时,即可对漫游过程中各帧参数进行相应的设置,如图 7-35 所示。其中,若禁用【匀速】,还可以对各关键帧位置处的速度进行单独设置,以加快或减缓在某关键帧位置处相机的移动速度,模拟真实的漫游行进状态。该加速器的参数值范围为 0.1~10。

图 7-35 设置漫游帧数

## 四、漫游导出

打开漫游视图,单击左上角图标 ,在展开的下拉列表中选择【导出】|【图像和动画】|【漫游】选项,如

图 7-36 所示。此时,系统将打开【长度/格式】对话框,用户可以在【格式】选项组中设置各参数选项,如图 7-37 所示。

图 7-36　打开漫游视图

图 7-37　设置参数

完成参数选项的设置后,单击【确定】按钮,系统将打开【导出漫游】对话框。此时,设置输出文件的名称和路径,指定文件的输出类型,并单击【保存】按钮,系统将打开【视频压缩】对话框,如图 7-38 所示。然后选择视频的压缩格式,并单击【确定】按钮,即可自动导出漫游视频文件。

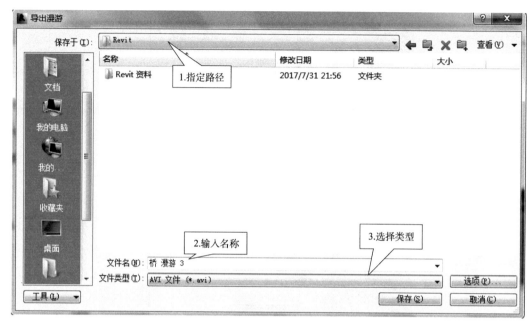

a)【导出漫游】对话框

b) 选择压缩格式

图 7-38 漫游导出

# 第八章

# 出图

## 第一节 平面、立面、剖面视图

### 一、平面视图的创建

该功能用于创建二维平面视图,如结构平面等。平面视图在创建新标高时可以自动创建,也可以在完成标高的创建后手动添加相关平面视图。

1. 自动创建平面视图

此种方法简单、快捷,具体操作步骤如下:

(1)将视图切换到立面视图。

(2)单击【建筑】或【结构】选项卡,在【基准】面板中选择标高工具,进入绘制标高状态,此时选项栏中就会出现  选项。勾选【创建平面视图】复选框,并单击【平面视图类型】按钮,弹出【平面视图类型】对话框,如图 8-1 所示。在该对话框中单击选择要创建的视图类型,然后单击下方的【确定】按钮,返回到绘制标高状态。

绘制相关标高后,单击【项目浏览器】中的视图树状目录,在相应的视图目录下就可以找到标高对应的平面视图。

2. 手动创建平面视图

手动创建平面视图可以在完成标高的创建后,选择性地手动添加平面视图,此种方法具有相同视图统一添加、选择性添加优势。在创建标高时,通过复制和阵列方式生成的标高,不会自动生成对应平面视图,需要手动添加。具体操作步骤如下:

(1)单击【视图】选项卡→【创建】面板→【平面

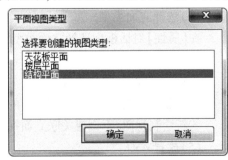

图 8-1 【平面视图类型】对话框

视图】下拉菜单,在平面视图下拉列表中选择将要创建的视图类型。以创建楼层平面为例,在下拉列表中选择"结构平面",这时软件会弹出【新建楼层平面】对话框,如图 8-2 所示。

(2)在对话框的标高栏中选择标高,勾选【不复制现有视图】复选框(如果未勾选,则会生成已有平面视图的副本),单击【确定】按钮,则自动生成所选标高对应的楼层平面,在【项目浏览器】的楼层平面目录下就可以找到新创建的标高平面。

## 二、立面视图的创建与调整

立面视图的创建功能用于创建面向模型几何图形的其他立面视图。默认情况下,项目文件中的 4 个指南针点提供外部立面视图,如图 8-3 所示。

图 8-2 【新建楼层平面】对话框

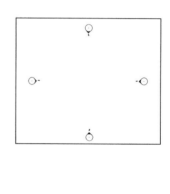

图 8-3 不同立面方向的指南针点

立面视图包括立面和框架立面两种类型,框架立面主要用于显示结构支撑等结构对象。其创建与调整的具体操作步骤如下:

(1)将操作面切换到楼层平面。
(2)单击【视图】选项卡→【创建】面板→【立面】下拉菜单。
(3)选择立面类型。
在【属性】对话框中选择立面类型,包括建筑立面和内部立面等立面类型。
(4)设置选项栏参数。
①附着到轴网:将立面视图方向与轴网相关联。
②参照其他视图:不直接创建新的立面视图,而是用已有的视图。
③新绘制视图:不创建关联立面视图,而创建空白视图。
(5)放置立面。
在绘图区域中需要创建立面视图的位置,单击放置指南针点。在移动光标时,可以通过按 Tab 键来改变箭头的位置。

（6）设置立面方向。

选择指南针点，立面符号"?"会随用于创建视图的复选框选项一起显示，如图 8-4 所示。通过勾选方式可创建相关方向的立面视图，且复选框勾选后，邻近立面符号"?"会消失。

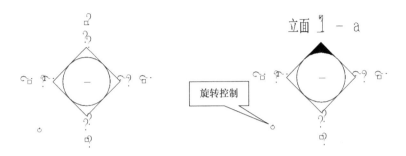

图 8-4　立面方向的调整

使用旋转控制功能可将视图与斜接图元对齐。单击【旋转控制】按钮，并按住鼠标左键不松，滑动鼠标进行旋转动作，松开鼠标完成旋转。

（7）调整立面视图宽度及高度范围。

单击已创建的立面，通过标注的拖曳点对立面视图范围进行调整，如图 8-5 所示。

通过左右两边的宽度拖曳点来控制立面视图的宽度，通过高度拖曳点来控制立面视图的高度。宽度和高度决定了所能看到的立面范围大小。单击选择指南针

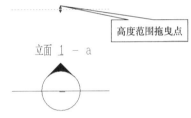

图 8-5　立面视图范围

点，也可以通过【修改|视图】选项卡下【裁剪】面板中的【尺寸裁剪】按钮来对立面视图范围进行更为准确的调整，如图 8-6 所示。

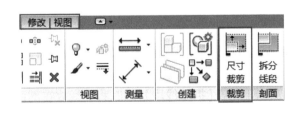

图 8-6　【修改|视图】选项卡及【裁剪区域尺寸】对话框

在【裁剪区域尺寸】对话框中，调整【模型裁剪尺寸】下的宽度值和高度值，注释裁剪偏移值默认，软件会自动计算出裁剪框的全部尺寸大小，单击【确定】按钮即可完成剪裁。

（8）拆分立面视图范围线。

选择已创建的立面视图范围线，单击【上下文】选项卡下的【拆分线段】按钮，将光标移动到绘图区，软件会提示选择一个要拆分的视图，在视图的宽度线上选定位置单击，然后上下拖动光标，选定位置后单击完成拆分，凸显台阶状表明已经拆分为两部分，两端视图线所示范围有所不同，如图 8-7 所示。

## 三、剖面视图的创建与调整

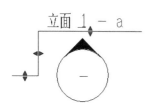

图 8-7　拆分立面视图范围线

可以通过剖面工具剖切模型,并生成相应的剖面视图,在平面、剖面、立面和详图视图中均可绘制剖面视图。具体操作步骤如下：
(1)将视图切换到某楼层平面视图。
(2)单击【视图】选项卡→【创建】面板→【剖面】。
(3)选择剖面类型并设置相关参数。
(4)设置选项栏参数。

(5)绘制剖面线框。

将光标移动到绘图区,在剖面的起点处单击,并拖曳光标穿过模型或族,当到达剖面的终点时单击,即完成剖面视图创建,如图 8-8 所示,此时除了与立面视图有相同的拖曳点之外,还有其他特殊符号。

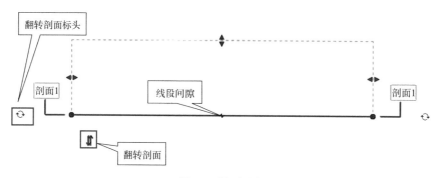

图 8-8　剖面视图

通过拖曳点控制柄可调整裁剪区域的大小,剖面视图的深度将相应地发生变化。按 Esc 键退出【剖面】工具。双击剖面标头,从【项目浏览器】的【剖面】选项组中选择剖面视图并打开或使用右键命令均可转到视图命令。

(6)剖面的调整。

创建完成的剖面,也可以通过修改调整,将不同位置上的模型显示在同一剖面内,可以更为直观地进行模型间的对比、调整等。

选择已创建的剖面,在【修改|视图】选项卡下单击【拆分线段】按钮,将光标放在剖面线上的分段点并单击。继续将光标移至要移动的拆分侧,并沿着与视图方向垂直的方向移动光标,再次单击以放置分段,如图 8-9 所示。

a)

图　8-9

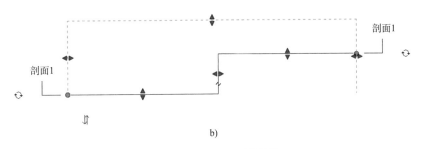

b)

图 8-9 拆分剖面视图范围线

新的分段上有多个控制柄,用于调整裁剪区域尺寸的控制柄显示为浅绿色虚线,所有分段共享同一个裁剪平面,包括用于移动剖面线各个分段的控制柄。还可以通过单击线段间隙符号将剖面分割为较小的分段,截断控制柄在剖面上显示为斜 Z 形,单击该截断控制柄,可以进一步断开剖面。完成截断后,剖面上将出现调整分段尺寸的多个控制柄,如图 8-10 所示。再次单击截断控制柄,可以将断开的剖面进行合拢。

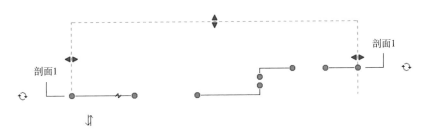

图 8-10 剖面线截断

## 第二节 默认三维视图

默认三维视图工具在项目模型创建的过程中有着重要的作用,它配合使用 ViewCube 不仅可以随时查看模型各构件样式及整体效果,还可以在三维视图状态下创建相关构件。默认三维视图为三维正交视图。具体的操作步骤如下:

单击【视图】选项卡→【创建】面板→【三维视图】下拉菜单→【默认三维视图】,软件会跳转到默认三维视图界面,配合使用 Shift + 鼠标滚轮可以对模型进行旋转,方便观察。也可以单击绘图区域右上方的 ViewCube 导航(图 8-11),通过单击上下左右前后、东南西北多方位对模型进行查看,还可以单击 ViewCube 导航的角点,以此来查看模型的效果。

在三维视图中查看模型效果时,可以使用剖面框工具对模型进行分割查看,通过应用剖面框工具,可以限制查看模型的范围。完全处于剖面框以外的图元不会显示在当前视图中。剖面框对于大型模型尤其有用。例如要查看箱梁内部时,可以使用剖面框裁剪出一个面而忽略其余部分。

图 8-11 ViewCube 导航

确认当前视图处于三维视图,在【属性】对话框中,找到【范围】栏下的【剖面框】一项,勾选后面的复选框,如图 8-12 所示。

这时,模型的最外边就会显示出一个长方形的边框,该框即为剖面框,选择该框,就会在边框上显示该面的拖曳符号,如图 8-13 所示。

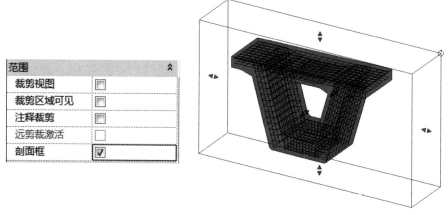

图 8-12　三维剖面框设置　　　　　图 8-13　三维剖面框

图 8-13 中实线框即为剖面框,剖面框的每一个面上都有一个该面的控制柄,用来控制该面的长度或者深度,以此来分割模型。有时也可以通过旋转控制柄将剖面框旋转到其他位置,然后再查看。

## 第三节　尺寸标注

尺寸标注是项目中显示距离和尺寸的视图专有图元。

### 一、对齐尺寸标注

对齐用于平行参照之间或多点之间的放置尺寸标注。具体操作步骤如下:
(1)将操作平面切换至需要标注的平面或其他相关视图。
(2)单击【注释】选项卡→【尺寸标注】面板→【对齐】。
(3)选择尺寸标注类型,设置标注样式。
在【属性】对话框→【类型选择器】下拉列表中选择一种尺寸标注样式,再单击【编辑类型】按钮,进入对齐尺寸标注【类型属性】对话框,如图 8-14、图 8-15 所示。
(4)设置选项栏参数。
对齐尺寸标注选项栏参数如图 8-16 所示。
①标注参照对象。【标注参照对象】下拉菜单中可选择的选项有【参照墙中心线】、【参照墙面】、【参照核心层中心】、【参照核心层表面】。如果选择墙中心线,则光标置于某面墙上时,光标将首先捕捉该墙的中心线。如果选择核心层表面,则将光标置于某面墙上时,光

标将首先捕捉该墙的核心层表面。

图 8-14 【属性】对话框

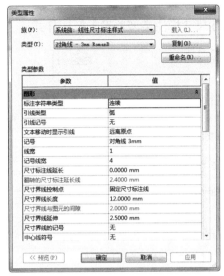
图 8-15 对齐尺寸标注【类型属性】对话框

图 8-16 对齐尺寸标注选项栏

②拾取对象。拾取对象指创建对齐尺寸标注添加方式，包括单个参照点和整个墙两种方式。

a.【单个参照点】：依次单击标注点完成标注。

b.【整个墙】：选择【整个墙】选项后，单击【选项】按钮可以打开【自动尺寸标注选项】对话框，如图 8-17 所示。

设置好自动尺寸标注选项后，选择需要标注的墙体即可。

（5）放置标注。

将光标移动到绘图区，放置在某个图元（例如墙）的参照点上，则参照点会高亮显示。通过 Tab 键可以在不同的参照点之间循环切换。依次单击指定参照，按 Esc 键退出放置状态，完成对齐尺寸标注。拖动数字下方的移动控制柄●，可将标注数字移动到其他位置，如图 8-18 所示。

## 二、线性尺寸标注

线性尺寸标注放置于选定的点之间。尺寸标注与视图的水平轴或垂直轴对齐。选定点是图元的端点或参照的交点。只有在项目环境中才可用线性尺寸标注。线性尺寸标注无法在族编辑器中创建。具体操作步骤如下：

(1) 将视图切换至需要创建线性尺寸标注的视图。
(2) 单击【注释】选项卡→【尺寸标注】面板→【线性】。
(3) 选择线性尺寸标注类型并设置标注样式。

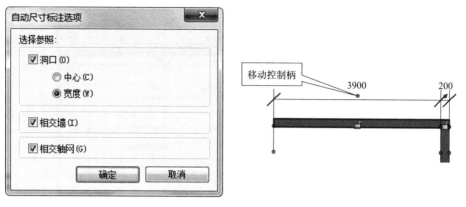

图 8-17 【自动尺寸标注选项】对话框　　　图 8-18　对齐尺寸标注

在【属性】对话框中【类型选择器】下拉列表中选取某种标注样式,然后单击【编辑类型】按钮,进入线性尺寸标注【类型属性】对话框,如图 8-19 所示。

图 8-19　线性尺寸标注【类型属性】对话框

根据项目具体要求,参照对齐尺寸标注的类型属性参数设置。完成后单击下方的【确定】按钮返回。

(4)放置标注。

激活【线性尺寸标注】按钮后,依次单击图元的参照点或参照的交点,使用空格键可使尺寸标注在垂直轴或水平轴标注间切换。当选择完参照点之后,按 Esc 键两次退出放置状态完成线性尺寸标注的绘制,如图 8-20 所示。

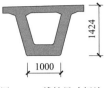

图 8-20　线性尺寸标注

## 三、角度尺寸标注

通过放置角度尺寸标注,可测量共享公共交点的参照点之间的角度。可以为尺寸标注选择多个参照点,每个图元都必须穿越一个公共点。具体操作步骤如下:

(1)将视图切换至需要添加角度尺寸标注的视图。

(2)单击【注释】选项卡→【尺寸标注】面板→【角度】。

(3)选择角度尺寸标注类型并设置标注样式。

在【属性】对话框中【类型选择器】下拉列表中选择某种标注样式,单击【编辑类型】按钮,进入其【类型属性】设置对话框,参照尺寸标注的类型属性参数设置。完成后单击【确定】按钮返回。

(4)设置选项栏参数。

可以参照对齐尺寸标注,此处不再赘述。

图 8-21　角度尺寸标注

(5)放置标注。

依次单击构成角度的两条边,拖曳光标以调整角度尺寸标注的大小。选择要显示尺寸标注的象限。当尺寸标注大小合适时,单击以放置标注。完成后按 Esc 键退出放置状态,如图 8-21 所示。

## 四、径向尺寸标注

通过放置一个径向尺寸标注,可测量内部曲线或圆角的半径。具体操作步骤如下:

(1)将视图切换至需要添加径向尺寸标注的视图。

(2)单击【注释】选项卡→【尺寸标注】面板→【径向】。

(3)选择径向尺寸标注类型并设置标注样式。

参照对齐尺寸标注的类型属性参数设置,完成后单击【确定】按钮返回。

(4)设置选项栏参数。

参照对齐尺寸标注设置。

(5)放置标注。

激活【径向尺寸标注】按钮后,将光标移动到要放置标注的弧上,通过按 Tab 键在图元的面和图元的中心线之间切换尺寸标注的参照点,确定后单击,一个临时尺寸标注将显示出来。

滑动鼠标,选择合适位置,再次单击以放置永久性尺寸标注。按 Esc 键退出放置状态,如图 8-22 所示。

（6）修改弧上的径向尺寸标注。

可以将现有径向尺寸标注的参照从一个弧修改为另一个弧(只要新弧与圆弧同心)。选择一个径向尺寸标注,该标注的一端将出现一个圆形拖曳点控制柄,将此控制柄拖曳至另一个弧,如果将光标放置在新弧上,会高亮显示一个有效同心弧,如图8-23所示。

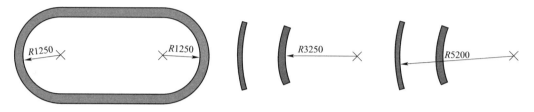

图8-22  径向尺寸标注　　　　　　　　　图8-23  径向尺寸标注修改

## 五、直径尺寸标注

通过放置一个直径尺寸标注,来表示圆弧或圆的直径尺寸。具体操作步骤如下:

（1）将视图切换至需要进行直径尺寸标注的视图。

（2）单击【注释】选项卡→【尺寸标注】面板→【直径】。

（3）选择直径尺寸标注类型并设置标注样式。

在【属性】对话框中【类型选择器】下拉列表中选择某种直径尺寸标注的样式。项目默认只有一个类型,可以通过事先载入族的方式,将其他样式的尺寸标注载入当前项目中。

单击【编辑类型】按钮进入其【类型属性】设置对话框,参照之前标注的类型属性参数设置。完成后单击【确定】按钮返回。

（4）设置选项栏参数。

参照对齐尺寸标注。

（5）放置标注。

激活【直径尺寸标注】按钮后,将光标放置在圆或圆弧的曲线上,通过Tab键,可以在图元的面和图元的中心线之间切换尺寸标注的参照点。然后单击,一个临时尺寸标注将显示出来。

图8-24  直径尺寸标注

将光标沿尺寸线移动,并单击以放置永久性尺寸标注。默认情况下,直径前缀符号显示在尺寸标注值中。按Esc键退出放置状态,如图8-24所示。

## 六、弧长尺寸标注

通过放置一个弧长尺寸标注,可测量弯曲图元或其他图元的长度。具体操作步骤如下:

（1）将视图切换至需要添加弧长尺寸标注的视图。

（2）单击【注释】选项卡→【尺寸标注】面板→【弧长】。

（3）选择弧长尺寸标注类型并设置相关属性参数。

参考对齐尺寸标注。

(4)放置标注。

激活【弧长尺寸标注】按钮后,将光标放置在弯曲图元或其他图元上,此时参照线变为蓝色,且软件提示"选择与该弧相交的参照,而后单击空白区域完成操作"。若与弧未有相交的图元,则需要分别单击弧的起点和终点。完成后会出现临时尺寸,移动光标至弧的外部或内部,单击以放置永久性尺寸标注。按 Esc 键退出放置状态,如图 8-25 所示。

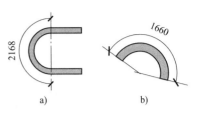

图 8-25　弧长尺寸标注

## 七、高程点标注

通过使用高程点标注工具,可以在平面视图、立面视图和三维视图中,获取坡道、公路、地形表面等的高程点,并显示其高程值。具体操作步骤如下:

(1)将视图切换至相关视图,平面图、立面图、剖面图和三维视图均可。

(2)单击【注释】选项卡→【尺寸标注】面板→【高程点】。

(3)选择高程点标注类型并设置相关属性参数。

在【属性】对话框中【类型选择器】下拉列表中选取需要的标注样式,单击【编辑类型】按钮进入高程点标注【类型属性】对话框,如图 8-26 所示。在该对话框中,根据实际标注规则和具体项目要求,修改和调整对话框中的数值或样式,标注颜色、字体大小、单位格式等。完成后单击【确定】按钮返回。

图 8-26　高程点标注【类型属性】对话框

(4)设置选项栏参数。

在选项栏中,对标注样式进行进一步的参数设置,如图 8-27 所示。

图 8-27　高程点标注选项栏

①【引线】:未勾选此复选框时,在某个点上单击即可放置高程值;勾选此复选框后,会激活后边的【水平段】选项。若只勾选【引线】,在某个点上单击,将光标移到图元外的位置,再次单击即可放置高程点;若【引线】与【水平段】都勾选了,先在某个点上单击,将光标移到图元外的位置,再单击一次放置引线水平段,最后移动光标并单击以放置该高程点。

②【显示高程】:在【显示高程】下拉列表中有 4 个选项,其中【实际(选定)高程】选项用于显示图元上选定点的高程;【顶部高程】选项用于显示图元的顶部高程;【底部高程】选项

用于显示图元的底部高程;【顶部高程和底部高程】选项用于显示图元的顶部和底部高程。根据实际情况进行选择。

(5)放置高程点标注。

将光标移动到绘图区内,选择图元的边缘或地形表面上的某个点。在可以放置高程点的图元上移动光标时,绘图区会显示高程点的值。然后根据选项栏中对引线的设置情况进行高程点的标注放置,完成高程点的标注后,按 Esc 键退出放置状态。如果放置高程点之后再选择高程标注点,可以使用拖曳控制柄来移动它。如果删除其参照图元,高程点将被删除。

图 8-28 所示为零高程点标注在各种引线设置后的效果。

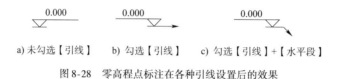

a) 未勾选【引线】　　b) 勾选【引线】　　c) 勾选【引线】+【水平段】

图 8-28　零高程点标注在各种引线设置后的效果

## 八、高程点坐标标注

通过使用此工具,可以在地形表面和边界上,或非水平表面和非平面边缘上放置标注,以显示项目中选定点的【北/南】和【东/西】坐标。具体操作步骤如下:

(1)将视图切换至需要标注的相关视图。
(2)单击【注释】选项卡→【尺寸标注】面板→【高程点 坐标】。
(3)选择高程点坐标标注类型并设置相关属性参数。
(4)设置选项栏参数。
在选项栏中,只有【引线】和【水平段】两个选项,设置方法参见高程点标注。
(5)放置高程点坐标标注。

将光标移动到绘图区,选择图元的边缘或地形表面上的某个点,将光标移动到可以放置高程点坐标的图元上方时,高程点坐标值会显示在绘图区。然后根据选项栏中对引线的设置情况进行高程点坐标的标注放置,完成高程点坐标的标注后,按 Esc 键退出放置状态。

图 8-29 所示为高程点坐标标注在各种引线设置后的效果。

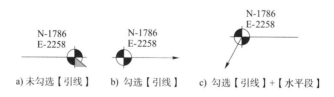

a) 未勾选【引线】　　b) 勾选【引线】　　c) 勾选【引线】+【水平段】

图 8-29　高程点坐标标注在各种引线设置后的效果

## 九、高程点坡度标注

通过使用此工具,在模型图元的面或边上的特定点处显示坡度值。使用高程点坡度的对象通常包括梁等。可以在平面视图、立面视图和剖面视图中放置高程点坡度标注。具体操作步骤如下:

(1)将视图切换至需要标注的相关视图。
(2)单击【注释】选项卡→【尺寸标注】面板→【高程点 坡度】。
(3)选择高程点坡度标注类型并设置相关属性参数。
(4)设置选项栏参数。
在选项栏中修改其相关属性参数,如图8-30所示。

图8-30　高程点坡度标注选项栏

①【坡度表示】:在【坡度表示】下拉菜单中选择【箭头】或【三角形】,该选项只在立面或剖面视图中启用。

②【相对参照的偏移】:表示相对于参照物移动高程点坡度,使之离参照更近或更远。

(5)放置高程点坡度标注。

完成相关设置后,将光标移动到绘图区,单击要放置高程点坡度的边缘或坡度,将光标移动到可以放置高程点坡度标注的图元上时,绘图区会显示高程点坡度的值,单击以放置高程点坡度标注。完成高程点坡度的标注后,按Esc键退出放置状态。图8-31所示为箭头和三角形两种不同坡度样式所标注的高程点坡度。

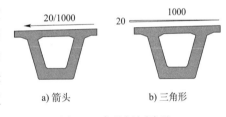

图8-31　高程点坡度标注

坡度表示的这两种形式,尽管显示方式不同,但其中的信息都相同。三角形不适用于平面视图。

# 第四节　文字注释

使用文字工具将文字注释添加到当前视图中。

## 一、文字设置

将文字注释放置到视图中之前,需要对文字相关的参数项进行设置。具体操作步骤如下:

(1)单击【注释】选项卡下【文字】面板后面的斜箭头符号 文字 ,弹出文字【类型属性】对话框,如图8-32所示。

(2)设置文字属性参数。

若要创建具体项目的实例文字样式,可以通过复制创建新的文字类型,然后进行参数项修改。部分参数说明如下:

①颜色:设置文字和引线的颜色。
②线宽:设置边框和引线的宽度。

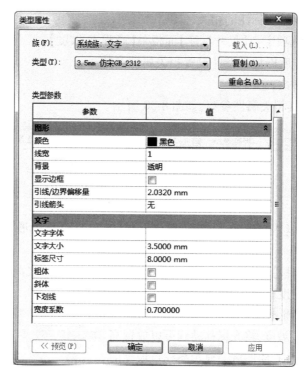

图 8-32　文字【类型属性】对话框

③背景:设置文字注释的背景。不透明背景的注释会遮挡其后的材质。透明背景的注释可看到其后的材质。

④显示边框:在文字周围显示边框。

⑤引线/边界偏移量:设置引线/边界和文字之间的距离。

⑥引线箭头:设置引线箭头的样式。

⑦文字字体:设置文字的字体样式。

⑧文字大小:设置字体的尺寸大小。

⑨标签尺寸:设置文字注释的标签卡间距。

⑩粗体:将文字字体设置为粗体。

⑪斜体:将文字字体设置为斜体。

⑫下划线:在文字下加下划线。

⑬宽度系数:常规文字宽度的默认值是 1.0。字体宽度随宽度系数成比例缩放。高度则不受影响。

设置完成所有的参数后,单击文字【类型属性】对话框右下角的【确定】按钮,完成文字类型的设定。

## 二、文字的添加

将已完成设置的文字注释放置到项目视图中。具体操作步骤如下:

(1)将视图切换到需要添加文字的视图上。

(2)单击【注释】选项卡→【文字】面板→【文字】。

(3)在【属性】对话框中的【类型选择器】下拉列表中选取某文字类型。

(4)在【修改|放置 文字上下文】选项卡的【格式】面板中选择一个引线选项,如图8-33所示。

图8-33　文字格式面板

部分选项工具使用说明如下:

① A 无引线:用于排除注释的引线。

② ←A 一段引线:用于将一条直引线从文字注释添加到指定的位置。

③ ⤢A 两段引线:用于添加由两条直线构成的一条引线。

④ ⌒A 曲线型:用于将一条弯曲引线从文字注释添加到指定的位置。

⑤ 左上引线:将引线附着到文字注释的左上方。

⑥ 右上引线:将引线附着到文字注释的右上方。

⑦ 左中引线:将引线附着到文字注释的左侧中间位置。

⑧ 右中引线:将引线附着到文字注释的右侧中间位置。

⑨ 左下引线:将引线附着到文字注释的左下方。

⑩ 右下引线:将引线附着到文字注释的右下方。

其他的左对齐、居中对齐、右对齐、段落样式以及粗体、斜体、下划线就不再赘述。

(5)输入文字内容。

设置完成各参数后,在绘图区内单击即可开始输入文字,或单击并拖曳矩形以创建换行文字,然后输入文字,再在视图中的任何位置单击以完成文字注释。

各种引线下创建的文字的样式,如图8-34所示。

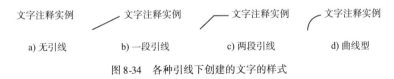

a)无引线　　b)一段引线　　c)两段引线　　d)曲线型

图8-34　各种引线下创建的文字的样式

## 第五节　图纸

使用图纸工具可为施工图文档集中的每张视图创建一个图纸视图,同时可以在每个图纸上放置多个视图。

### 一、图纸的创建

图纸是施工图文档集的一个独立的页面。在项目中,可以创建各种样式的图纸,包括平面施工图纸、剖面施工图纸等。具体的操作步骤如下：

（1）单击【视图】选项卡→【图纸组合】面板→【图纸】，弹出【新建图纸】对话框，如图8-35所示。

（2）选择图纸标题栏并新建图纸视图。

如图8-35所示，在【选择标题栏】列表框下，可以选择带有标题栏的图纸大小。例如，【A0公制】、【A1公制】、【A2公制】等，若没有需要的尺寸标题栏，可以单击【新建图纸】对话框右上角的【载入】，将其他标题栏载入当前项目中，然后在该对话框中就会出现载入的新公制标题。也可以选择【无】来创建不带标题栏的图纸。以此为例，单击【选择占位符图纸】列表框下的【新建】按钮并单击【确定】按钮，保存选择并返回之前

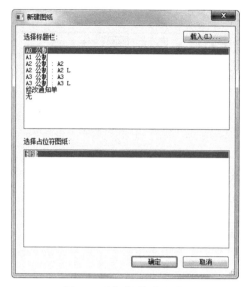

图8-35 【新建图纸】对话框

的界面，软件的视图将自动跳转到新建图纸的视图中，在项目浏览器中图纸的目录下，就会找到新建图纸的名称，因为当前视图为该新建图纸的视图，所以视图的名称将高亮显示。

（3）修改图纸编号和名称。

在当前新建图纸的名称上单击鼠标右键，在弹出的命令功能区中选择【重命名】命令，这时软件弹出【图纸标题】对话框，如图8-36a）所示。

在该对话框中，修改图纸的编号以及名称，完成后单击【确定】按钮，这时项目浏览器中图纸的名称便修改完成。图纸的命名有助于对图纸的管理和出图工作。至此一张无标题栏的图纸就创建完成了。

## 二、标题栏的创建

使用此工具可以在新建的图纸中创建标题栏图元。具体操作步骤如下：

（1）将操作视图切换到相应图纸视图，激活上述命令按钮。

（2）单击【视图】选项卡→【图纸组合】面板→【标题栏】。

（3）选择标题栏类型并设置相关参数。

单击【属性】对话框中的类型属性选择器，在下拉列表中选择将要放置的标题栏公制尺寸，如图8-36b）所示。

若下拉菜单中无需要的标题栏类型，则可以单击选项栏中的【载入】按钮，或者单击【修改|放置 放置标题栏】选项卡下的【载入族】工具，即弹出【载入族】对话框，在China文件夹中打开标题栏文件夹，如图8-37所示。按照【China】→【标题栏】的顺序打开标题栏文件夹。

在该对话框中，可以看到族库文件，配合使用Ctrl和Shift键，可以将一个或多个标题族文件载入当前项目中，这时类型选择器下拉列表中就能找到新载入的标题尺寸，单击并选择该公制尺寸标题。

单击属性框中的【编辑类型】按钮,弹出标题栏【类型属性】对话框,如图 8-38 所示。其中【尺寸标注】下的【l】、【c】、【b】、【a】数值分别表示图纸幅面边界线的长度、标题栏边线距幅面边界线的宽度、图纸幅面边界线的宽度和装订线预留边线宽度。一般情况下,该类数值都有统一的设计规定,单击【确定】按钮返回标题栏放置状态。

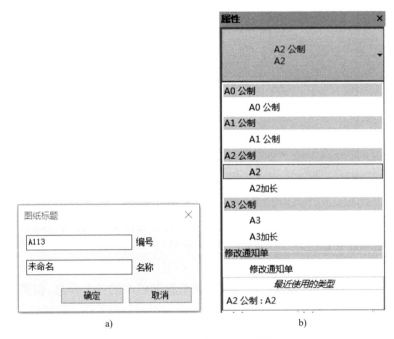

图 8-36　标题栏类型属性选择器

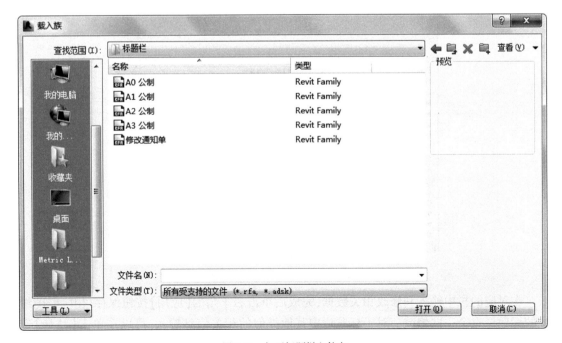

图 8-37　打开标题栏文件夹

图 8-38　标题栏【类型属性】对话框

将光标移动到绘图区域中,在当前图纸视图中的合适位置单击。在放置自由实例时,可以单击空格键循环放置基点。

(4)标题栏的修改。

单击已放置的标题栏,在属性框中修改和调整标题栏中的各个信息,包括图纸信息以及相关人员的信息,如图 8-39 所示。

图 8-39　标题栏实例【属性】对话框

在对应的栏中输入和修改相关数据,完成后单击右下角的【应用】按钮保存,相应的图纸中的标题栏也会一同修改。对于标题栏中其他类似的相关信息输入,可以在单击【注释】选项卡下的【文字】工具,将需要的文字信息放置到指定的位置上。

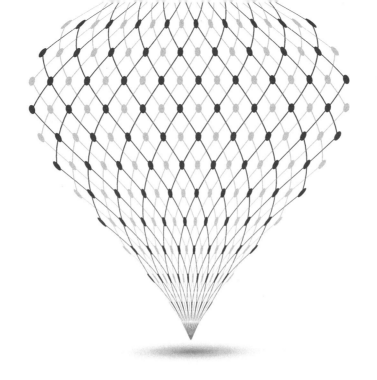

# 第二部分

# 桥梁建模实例

# 第九章

# 桥梁上部结构的创建

## 第一节 用 Revit 软件创建不同截面形式的桥梁上部结构模型

### 一、桥梁上部结构的截面形式

常见桥梁上部结构的截面形式有：实心板、空心板、T形截面和箱形截面等。

（1）空心板

由混凝土浇筑而成，将板的横截面做成空心的称为空心板。空心板较同跨径的实心板重量轻，运输安装方便，建筑高度又较同跨径的 T 梁小，因此小跨径桥梁中使用较多。其中间挖空形式有很多种。

（2）T 形截面

目前，我国主梁用得最多的装配肋梁式横截面形式是 T 形截面。T 形梁的翼板构成桥梁的行车道，又是主梁的受压翼缘，在预应力混凝土梁中，受拉翼缘部分做成加宽的马蹄形，以满足承受压应力和布置预应力钢筋的需要。它的特点是外形简单，制造方便，通过横隔梁联结，整体性也较好。

（3）箱形截面

箱形截面是一种闭口薄壁截面，其抗扭刚度大，加上它的顶板和底板面积均比较大，能有效地承担正负弯矩，并满足配筋的需要，因此在已建成的大跨度预应力混凝土梁桥中，当跨度超过 40m 后，其横截面大多为箱形截面。此外，当桥梁承受偏心荷载时，箱形截面梁抗扭刚度大，内力分布比较均匀；当桥梁处于悬臂状态时，由于其具有良好的静力和动力稳定性，对悬臂施工的大跨度梁桥尤为有利。由于箱形截面整体性能好，因而在限制车道数通过车辆时，可以超载通行，而装配式桥梁由于整体性能差，超载行驶车辆的能力就很有限。常见的箱形截面有：单箱单室、单箱多室、多箱单室、多箱多室等。

## 二、创建不同截面形式的桥梁模型分析

通过第一部分的学习,我们大致掌握了 Revit 软件的基本操作,接下来的第二部分,主要讲述如何运用 Revit 软件创建桥梁模型。桥梁结构按部位划分为上部结构、下部结构、附属设施等。

本章以预制小箱梁为例,通过 Revit 软件中【放样】、【放样融合】、【空心放样融合】、【拉伸】等命令创建桥梁上部结构族构件,考虑到结构对称性以及建模的操作方法相同,这里选取桥梁上部结构的一部分为例创建模型,其他部分可参照类似的方法创建。例如,创建预制小箱梁模型,取一跨桥为例,其中包括边跨梁和中跨梁,我们可以以内梁为代表,内梁根据有无伸缩缝端又分为有伸缩缝梁和无伸缩缝梁两种情况,中跨内梁为无伸缩缝梁,边跨内梁为有伸缩缝梁,它们的区别是有伸缩缝箱梁模型中有伸缩装置预留槽口,横隔板的外形也有一些变化。本章均以内梁为例创建模型。

空心板梁式桥上部结构的模型创建方法很简单,主要建模思路是首先运用【放样融合】命令创建空心板梁式桥的外部框架,再用【空心放样融合】或【剪切】命令创建里面的空心部分。

预制 T 梁桥等其他桥梁的建模方法与上述桥梁的建模方法大同小异,要点是要熟悉 Revit 软件的操作,善于总结方法,再结合自己对桥梁知识的理解,即可完成对桥梁模型的创建。

## 第二节 预制小箱梁模型的创建

### 一、无伸缩缝箱梁模型的创建

无伸缩缝箱梁由实心部分和空心部分组成,中间为等截面空心部分,靠近支座两端为渐变空心截面,跨中及支点处带有实心横隔板梁。实心部分采用【放样】命令创建,空心部分采用【空心放样】命令创建。无伸缩缝箱梁三维图、端横截面图及立、平面图,分别如图 9-1 ~ 图 9-4 所示。

图 9-1　无伸缩缝箱梁三维图

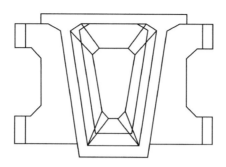

图 9-2　无伸缩缝端横截面图

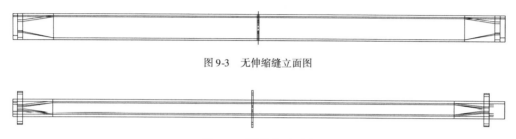

图 9-3　无伸缩缝立面图

图 9-4　无伸缩缝平面图

由图 9-1、图 9-3 和图 9-4 可知,该预制小箱梁关于中轴线左右对称,因此只要绘制出左半部分,另外一半通过镜像即可得。其中,可以先绘制出前五段——第一段箱梁长度为 40cm,第二段箱梁具有横隔板,第三段为变截面段,第四段是等截面梁,第五段梁两侧也具有横隔板。第六、七、八、九段梁与第一、二、三、四段梁是对称的关系。

下面为无伸缩缝箱梁模型创建的步骤。

(1)打开 Revit 软件,单击族菜单下的【新建】按钮,打开【新族-选择样板文件】对话框,选择【公制结构框架-梁和支撑】,单击【打开】创建一个族文件,如图 9-5 所示。

图 9-5　创建族文件

(2)进入族文件后,在【项目浏览器】下拉列表的【楼层平面】的【参照标高】界面内绘制路径,然后通过不同的命令绘制出不同分段无伸缩缝内梁的轮廓。图9-6、图9-7为无伸缩缝内梁的放样路径的绘制过程。

单击【创建】选项卡,再单击【放样】,进入绘制路线的界面,单击【绘制路径】命令,如图9-6所示。

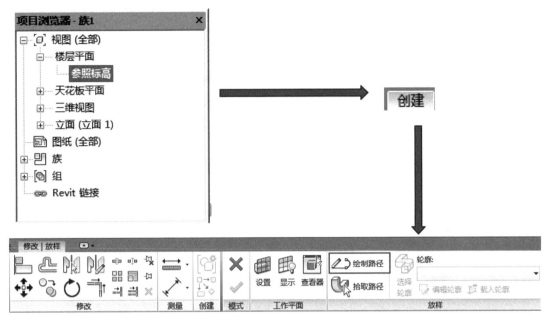

图9-6　选择放样【绘制路径】命令

第一段箱梁长度为40cm,故在此处输入的路径长度为400mm,再单击【模式】面板的"完成编辑"按钮 ✓,如图9-7所示,即可完成放样路径绘制。

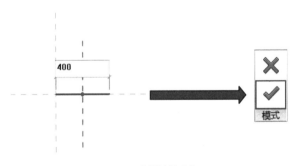

图9-7　绘制放样路径

(3)放样路径绘制完毕后,单击【放样】面板内的【编辑轮廓】按钮,打开视图对话框,选择左视图,单击【打开视图】按钮,如图9-8所示,进入编辑轮廓的界面。

(4)由于无伸缩缝箱梁截面对称,因此可以只绘制一半的模型图,另一半用"镜像"命令即可得到。使用快捷键RP,然后单击"拾取线"命令绘制参照平面以便于后续轮廓的编辑,用"直线"命令画出第一段箱梁的右半部分外部轮廓,再单击"镜像-拾取轴"命令即可得整个外部轮廓,如图9-9所示。

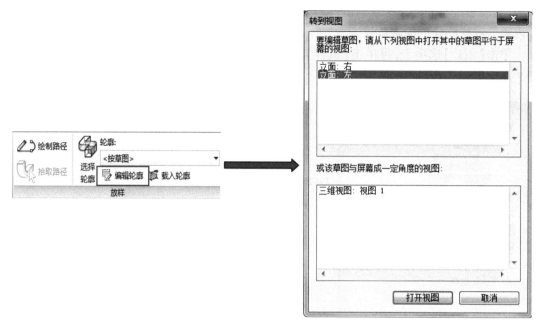

图9-8 进入编辑轮廓界面

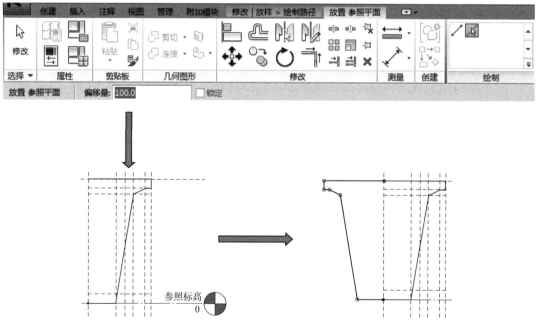

图9-9 编辑外部轮廓

(5)单击【模式】面板的"完成编辑"按钮 ✓ 两次,可得图9-10所示的三维图形。

(6)前面用【放样】命令创建了第一段箱梁的实心部分,下面用【空心放样】命令绘制出第一段箱梁的内部空心部分。【空心放样】命令相当于通过路径绘制、视图编辑等一系列操作形成一个三维的空心体,在箱梁的创建过程中用于箱梁内部空心部分的创建。

单击【创建】按钮,选择【形状】面板内【空心形状】下拉列表中的【空心放样】命令,再单击【放样】面板内的【绘制路径】(与前面的放样命令路径一样),如图9-11所示,即可进行空心放样。

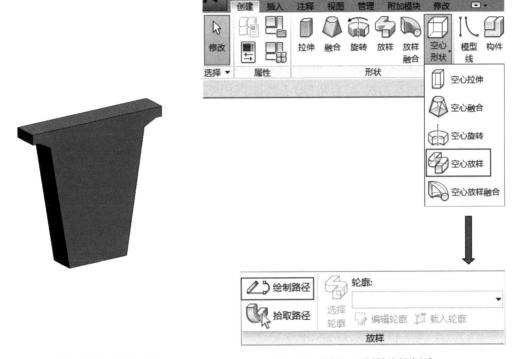

图9-10　第一段箱梁的实心部分　　　　　图9-11　选择空心放样【绘制路径】

(7)用与编辑外部轮廓一样的方法编辑内部轮廓,先绘制参照平面,再编辑右半部分内部轮廓,单击"镜像-拾取轴"按钮即可得到整个内部轮廓,如图9-12所示。

(8)单击【模式】面板的"完成编辑"按钮 ✓ 两次,可得图9-13所示的内梁第一段三维图。

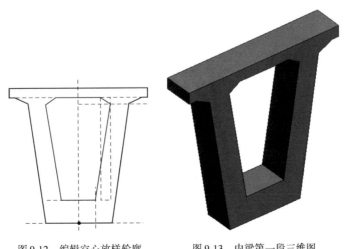

图9-12　编辑空心放样轮廓　　　　图9-13　内梁第一段三维图

(9)内梁第二段的绘制路径是在第一段的绘制路径末端点的基础上延伸的,在绘制时注意要先找到第一段的末端点,然后绘制路径,第二段与第一段相比多用了两次【放样】命令(由于第二段存在横隔板)。具体的操作步骤与第一段梁的操作一样。不同的是第二段内梁的内部空心结构的视图跟第一段不同,因此在运用【空心放样】命令绘制内部空心结构时要根据图形尺寸与形状进行第二段内梁【空心放样】的左视图的编辑。

首先,打开【项目浏览器】中的【参照标高】,在该界面内,以第一段梁的末端点绘制第二段内梁的放样路径,长度同样为400mm,单击【模式】面板的"完成编辑"按钮 ,再到左视图中编辑轮廓,单击  两次,然后用【空心放样】命令编辑内部轮廓,重复上述操作直到第二段内梁创建完成。操作过程如图9-14所示。前两段箱梁的三维图如图9-15所示。

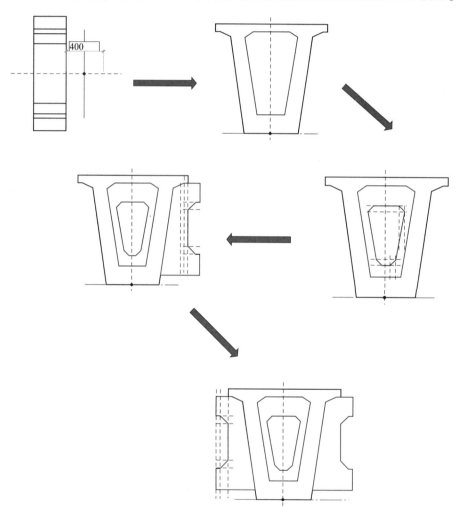

图9-14 第二段内梁绘制过程

(10)第三段梁由于存在变截面,因此用【空心放样】命令绘制内部空心部分是不行的,这里采用的是【空心放样融合】命令。

具体操作步骤:单击【创建】→【空心放样融合】→【绘制路径】(绘制路径长度为

2500mm)→✓→【选择轮廓1】→【编辑轮廓1】(选择左立面视图)→✓→【选择轮廓2】→【编辑轮廓2】→单击✓两次(图9-16)。实心部分的轮廓与前面一样,只不过放样的路径发生了改变,第三段梁的绘制路径紧接着第二段梁路径的末端。重复上述操作编辑中部截面轮廓2,通过【空心放样融合】操作编辑好内部空心部分(图9-17)之后,再使用【放样】命令创建外部实心部分。第一、二、三段箱梁三维图如图9-18所示。

图9-15 第一、二段箱梁三维图

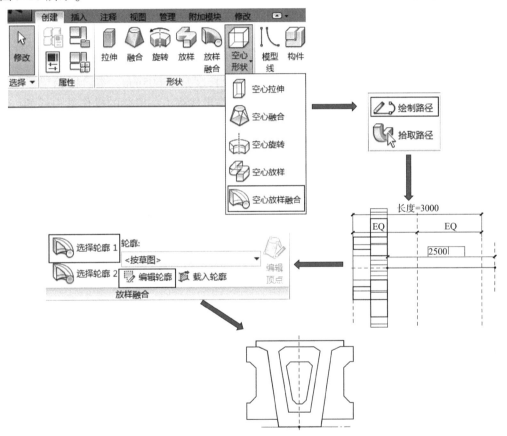

图9-16 【空心放样融合】操作过程

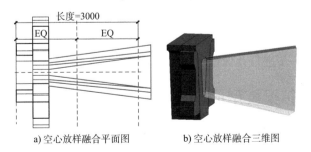

a) 空心放样融合平面图　　b) 空心放样融合三维图

图9-17 【空心放样融合】操作效果显示

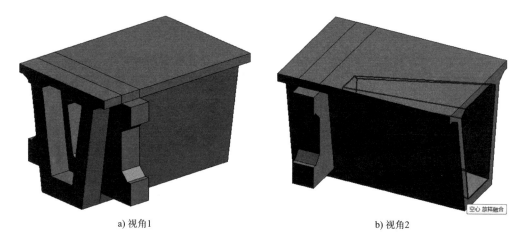

a) 视角1　　　　　　　　　　　　　　b) 视角2

图 9-18　第一、二、三段箱梁三维图

(11) 第四段梁是等截面梁,本段梁的绘制路径长度是 16605mm。本阶段箱梁采用【放样】、【空心放样】两个命令(各用一次)。具体的操作步骤跟第一段梁的操作是一样的(空心放样的轮廓绘制较第一段发生了改变)。

(12) 第五段梁两侧也有横隔板,因此较第四段梁的创建多了两次【放样】命令的运用,但是与第四段相比内部空心结构左视图发生了变化,绘制轮廓的时候要注意。

(13) 第六、七、八、九段箱梁跟第一、二、三、四段是对称关系,所以在参照标高界面上只要作第五段箱梁路径的中垂线为辅助线,再按住 Ctrl 键选中前面绘制的四段梁的轮廓线,通过"镜像"命令(快捷键为 MM)即可将第六、七、八、九段的箱梁绘制出来。箱梁镜像操作及绘制出来的无伸缩缝内梁的三维图如图 9-19 和图 9-1 所示。

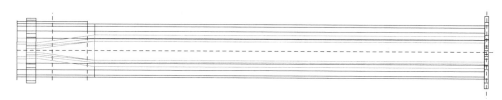

图 9-19　箱梁镜像

(14) 至此,通过【放样】、【空心放样】、【空心放样融合】三个命令的重复应用,箱梁桥内梁的模型就创建出来了,创建出来之后单击左上角的 Revit 软件的图标对其进行保存,以便把内梁的模型组载入项目中(在项目中放钢筋)。

无伸缩缝外梁的创建与内梁所用的命令一样,外梁与内梁的区别就是运用【放样】命令的时候轮廓的编辑有所不同,即外梁横截面周围轮廓一般为不对称图形,创建外梁模型的时候按照上述步骤一步一步进行并保存。

## 二、有伸缩缝箱梁模型的创建

有伸缩缝箱梁模型的创建与无伸缩缝箱梁模型的创建所用的命令是一样的,不同的是有伸缩缝箱梁模型中有伸缩缝预留槽口,横隔板的外形也有一点变化。有伸缩缝箱梁的三维图、端横截面图和立、平面图,分别如图 9-20 ~ 图 9-23 所示。

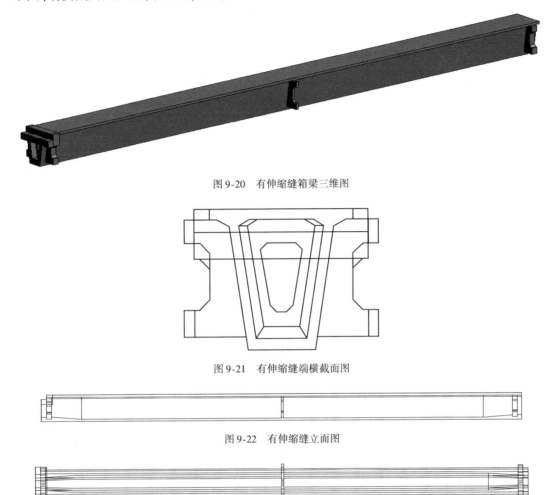

图 9-20　有伸缩缝箱梁三维图

图 9-21　有伸缩缝端横截面图

图 9-22　有伸缩缝立面图

图 9-23　有伸缩缝平面图

下面介绍有伸缩缝内梁模型的创建步骤。

（1）打开 Revit,创建一个新的族,进行有伸缩缝预留槽口处内梁的建模。由于有伸缩缝内梁与无伸缩缝内梁最大的差别就是有无伸缩缝预留槽口,所以先按照无伸缩缝内梁的创建步骤把有伸缩缝内梁大体的轮廓建造出来。此时用到的创建命令也是【放样】、【空心放样】、【空心放样融合】、【镜像】。创建出来的三维图如图 9-24 所示。

图 9-24　有伸缩缝内梁三维图

由图9-24可以看出内梁前面和后面的端横隔板在形状上存在差异,这就是伸缩缝预留槽口存在的原因。

(2)伸缩缝预留槽口模型的创建。伸缩缝预留槽口可以看作在无伸缩缝内梁的基础上添加了一个"L"形端块,而"L"形端块可以看作从一块长方体上切掉一块小的长方体后形成的实体。因此创建"L"形端块用到的命令是【放样】、【空心放样】。

首先切换到参照标高界面,使用快捷键RP做出辅助线(根据有伸缩缝主梁立面图的尺寸可做图9-25所示的辅助线)。

单击【创建】选项卡里的【放样】命令,在辅助线处绘制出放样路径,然后选择【前视图】编辑轮廓,绘制轮廓时要注意轮廓位置的选择(图9-26),最后单击  两次创建出"大长方体"。

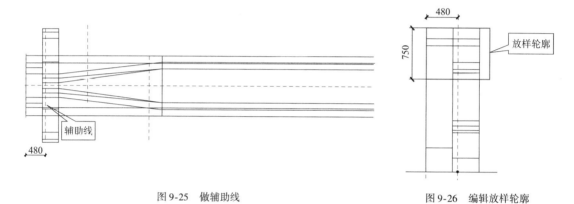

图9-25　做辅助线　　　　　　　　　　　图9-26　编辑放样轮廓

(3)创建出"大长方体"后,再用【空心放样】命令绘制出"小长方体",操作过程与第(2)步相同,但是辅助线的位置不一样。这样有伸缩缝主梁模型就创建出来了,如图9-27所示。

a) 有伸缩缝主梁左视图　　　　　　　　　b) 有伸缩缝主梁三维图

图9-27　有伸缩缝的主梁模型

有伸缩缝外梁模型的创建过程和操作与内梁的基本一样,所不同的是轮廓的编辑。按照以上步骤一步一步将两个外梁的模型创建出来,创建完成后保存,以便后续操作。

## 第三节  变截面连续箱梁的参数化建模

变截面连续箱梁是公路桥梁中常见的桥型,经济跨度为 30~100m,适用于连续梁的主跨跨径在 70~160m 之间,且采用不等跨布置。在结构受力方面,当连续梁的主跨跨径接近或大于 70m 时,若箱梁仍采用等截面布置,在恒载和活载作用下,箱梁支点截面的负弯矩将比跨中截面的正弯矩大得多,受力就显得不太合理且不经济,采用变截面连续箱梁更符合受力的要求,高度变化基本上与内力变化相适应。在箱梁截面方面,连续箱梁的梁高宜采用变高度的,其底曲线可以采用圆弧线、折线、二次抛物线等变换形式。在对称性方面,中跨变截面连续箱梁均关于合拢段中心对称。

变截面连续箱梁的常用施工方法是悬臂施工法。悬臂施工法,也称节段施工法,是将每一块结构划分成若干个节段,采用悬臂浇筑或者悬臂拼装(节段预制)两种方法逐段接长,然后进行体系转换的一种施工方法。该施工方法具有很大的优越性:施工支架和施工设备少,在深水、大跨、通航、峡谷、高墩等条件下建桥是最优的施工方案;工序简单,多孔桥可平行作业,施工速度快,节省施工费用;悬臂施工使跨中正弯矩转移至支点负弯矩,大大提高了桥梁的跨越能力,尤其适用于大跨径桥梁;施工时桥下可正常通航、通车,施工不受季节、河道水位的影响。因此,悬臂施工法在连续梁和连续刚构中得到广泛应用,尤其适用于大跨径连续梁桥和变截面箱形梁桥的施工。

在前面 9.2 节创建预制小箱梁模型的变截面部分时,我们采用的是放样融合的方法,这里创建变截面连续箱梁模型将基于这种方法进行参数设置,即参数化建模。通过对变截面连续箱梁的截面设置参数,达到参数化驱动模型的目的。

现选取采用悬臂施工法的变截面连续箱梁的一个节段为例,介绍如何使用参数化的方法创建变截面连续箱梁的模型。其中变截面连续箱梁的部分图形如图 9-28~图 9-31 所示。

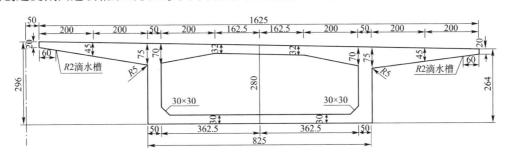

图 9-28  中跨跨中和边跨直线段断面(尺寸单位:cm)

这里将介绍如何创建 0 号块变截面节段的模型,创建好的三维视图如图 9-32 所示。在此以图 9-32 中箱梁变截面部分为例创建模型,其他节段均可采用类似的方法处理。

创建步骤如下:

(1)打开 Revit 软件,单击族菜单下的【新建】按钮,打开【新族-选择样板文件】对话框,选择【公制常规模型】命令,单击【打开】创建一个族文件,如图 4-2 所示。

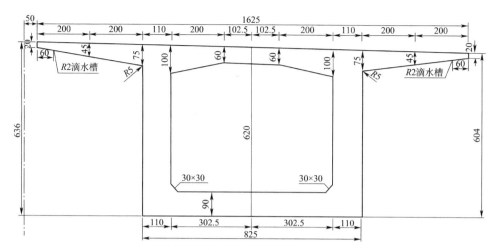

图 9-29 中跨墩顶处断面(尺寸单位:cm)

(2)进入族文件后,在【项目浏览器】下拉列表的【楼层平面】的【参照标高】界面内绘制路径,首先绘制箱梁变截面部分的一段路径,由图 9-33 可知路径的长度为 3500mm。

①依次单击【创建】和【放样融合】命令,进入绘制路径的界面,再单击【绘制路径】命令。$\frac{1}{2}$ 0 号节段中变截面部分的箱梁长度为 350cm,故在此采用"直线"命令绘制一条长度为 3500mm 的路径,如图 9-33 所示。

②对已创建的路径进行长度标注,并对该长度尺寸设置参数"L"。具体的参数设置步骤如下:单击已标注好的长度尺寸,在图 9-34 所示的尺寸标注选项栏里,单击【标签】下拉列表,再单击【添加参数】,弹出【参数属性】对话框,可以选择【类型】,并在【名称】中输入"L",单击对话框右下角的【确定】按钮,即可完成路径长度的参数设置,如图 9-35 所示。添加参数后的长度标注如图 9-36 所示。

③与此同时,为了使参数化的路径始终关于中轴线对称,可以单击【对齐标注】命令后,依次点击中轴线和路径的左右端点,并单击 EQ 进行等分,如图 9-37 所示。这也是绘图中经常用到的小技巧。

④单击【模式】面板的"完成编辑"按钮 ,完成路径的绘制。

(3)绘制完路径后,需要对箱梁的截面进行轮廓编辑。依次单击【放样融合】面板中的【选择轮廓 1】和【编辑轮廓】(图 9-38),弹出【转到视图】对话框,选择【立面:左】,单击右下角的【打开视图】按钮,进入左立面视图,如图 9-39 所示。

①根据图 9-29 中跨墩顶处断面尺寸绘制轮廓 1,先绘制好所需的辅助线(图 9-40 中的虚线框),再单击"直线"命令绘制箱梁最外面的轮廓,并设置好相关的参数(注意各参数之间的函数关系,避免重复设置),单击【模式】面板中的 ,完成轮廓 1 的绘制。绘制的轮廓 1 及设置的参数如图 9-40 所示。其中,$W_8$ 是底板的横向宽度[$W_8 = 2 \times (W_3 + W_4 + W_5)$],$W_1$ 是顶板的横向宽度[$W_1 = 2 \times (W_3 + W_4 + W_5 + W_6 + W_7)$]。一般认为,等高度箱梁可采用直腹板或斜腹板,变高度箱梁宜采用直腹板。因为采用直腹板,顶板的中间段和底板的横向宽度相同,故顶板横向宽度可以看成两个悬臂段的宽度加底板的横向宽度,即 $W_1 = 2 \times (W_6 + W_7) + W_8$。箱梁的顶板悬臂端端部厚度为 $h_1$,箱梁左端顶板顶部至底板底部的高度为 $H_1$($H_1 = h_1 + h_2$),箱梁右端顶板顶部至底板底部的高度为 $H_2$($H_2 = h_1 + h_3$)。

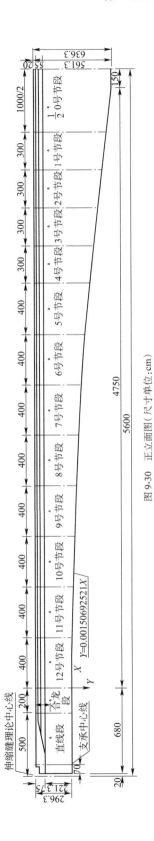

图 9-30 正立面图（尺寸单位：cm）

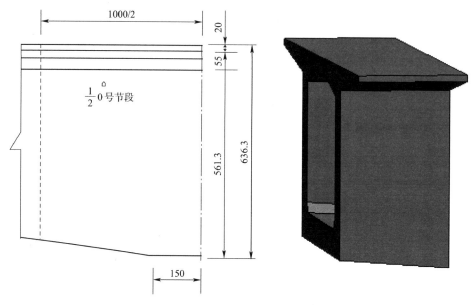

图 9-31　0 号节段正立面图(尺寸单位：cm)　　图 9-32　0 号块变截面节段的三维模型

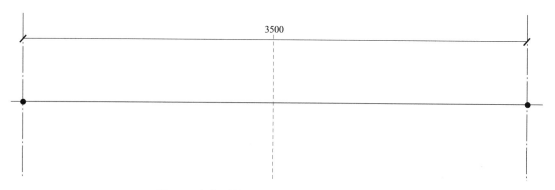

图 9-33　变截面箱梁长度方向的路径(尺寸单位：mm)

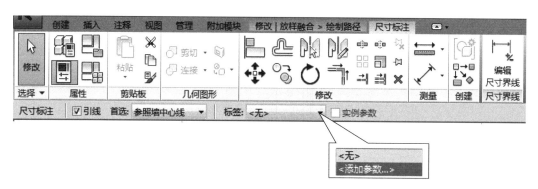

图 9-34　尺寸标注选项栏

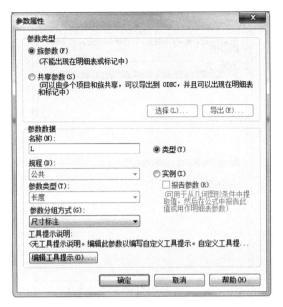

图 9-35 【参数属性】对话框

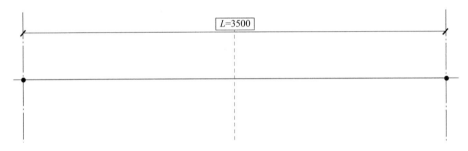

图 9-36 添加参数后的尺寸标注

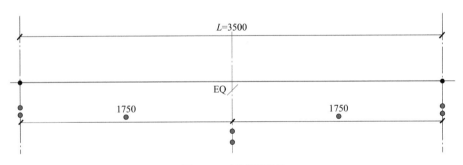

图 9-37 对称等分设置

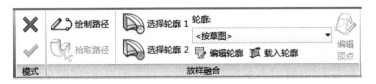

图 9-38 【放样融合】选项卡

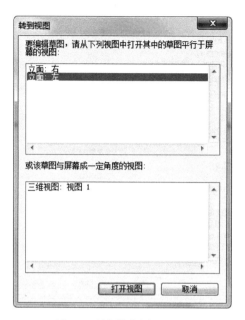

图 9-39 编辑轮廓的视图选择

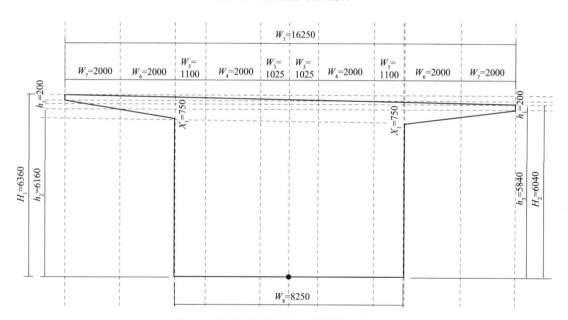

图 9-40 箱梁截面外部轮廓 1 的绘制及参数显示

②在族编辑器里单击【属性】面板中的"族类型"按钮,将会弹出【族类型】对话框,参数的详细设置以及它们之间的函数关系都可以在此对话框中显示,如图 9-41 所示。【族类型】允许用户为现有的族类型输入参数值,将参数添加到族中,或在族中创建新的类型。

(4)依次单击【选择轮廓 2】和【编辑轮廓】,如图 9-38 所示,弹出【转到视图】对话框,选择【立面:右】,单击右下角的【打开视图】按钮,进入右立面视图,如图 9-39 所示。

轮廓 2 的截面尺寸的相关数据需通过线性插值求得,剩下的步骤与(3)中的第①②步相同,此处不再赘述。绘制好的轮廓 2 及其参数的详细设置分别如图 9-42、图 9-43 所示。

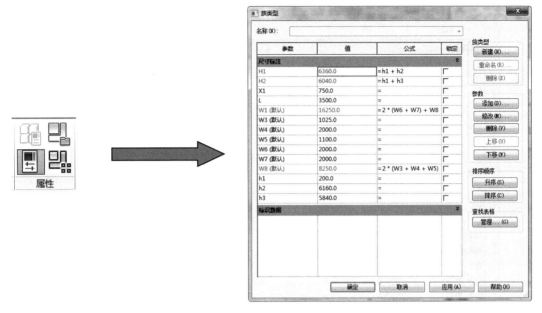

图 9-41　族参数的设置以及外部轮廓 1 的详细参数设置

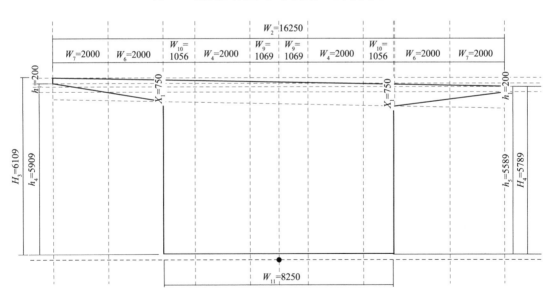

图 9-42　箱梁截面外部轮廓 2 的绘制及参数显示

(5)箱梁内部空心部分的绘制也和前面大致相同,使用的命令也是【放样融合】,也需要作出相应的辅助线。以箱梁内部轮廓 1 为例,$X_2$ 是箱梁顶板的厚度,$h_6$ 是箱梁底板的厚度,$W_{12}$ 是直腹板的厚度,$X_2$、$X_3$、$W_{13}$、$W_{14}$ 用来控制箱梁顶板与腹板接头处的梗腋,a、b 用来控制箱梁底板与腹板接头处的梗腋。箱梁内部轮廓 2 的绘制方法与上述外部轮廓相似,不再赘述。内部轮廓 1、2 的绘制分别如图 9-44、图 9-45 所示,详细的参数设置如图 9-46 所示。

图 9-43　外部轮廓 2 的详细参数设置

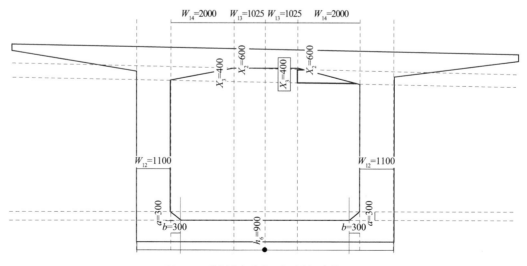

图 9-44　箱梁内部轮廓 1 的绘制及参数显示

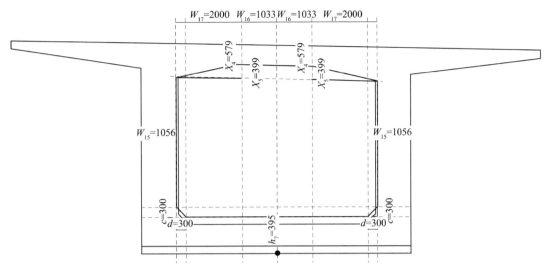

图 9-45 箱梁内部轮廓 2 的绘制及参数显示

图 9-46 箱梁内部轮廓 1、2 的详细参数设置

（6）在族编辑界面的【属性】浏览器中，单击建好的箱梁内部模型，在【实心/空心】选项中将模型由实心改为空心，再选择【几何图形】面板中的【剪切】命令，单击箱梁外部实心轮廓和箱梁内部空心轮廓，完成模型的剪切，如图 9-47 所示，进而完成参数化变截面连续箱梁 0 号块模型的创建。

（7）0 号块变截面节段的参数化模型如图 9-48 所示。通过设置参数的方法可以为任何族类型创建新实例参数或类型参数。通过添加新参数，就可以对包含于每个族实例或类型中的信息进行更多的控制，从而达到参数化驱动族模型的目的，极大地提高建模的效率。

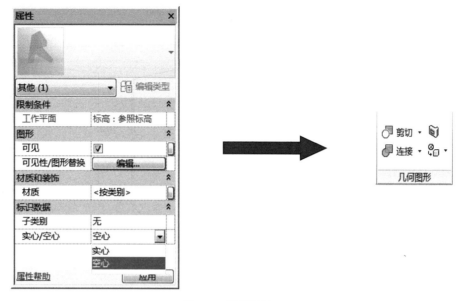

图 9-47　模型的剪切

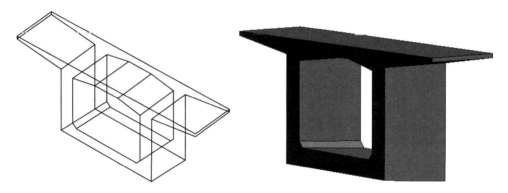

图 9-48　0 号块变截面节段的参数化模型

# 第十章

# 桥梁下部结构的创建

第九章创建了桥梁上部结构,本章讲述如何创建桥墩模型。这里创建的是桩柱式桥墩,桩柱式桥墩一般由桩基、桩系梁、墩柱、墩系梁、盖梁、支座垫石组成。我们以 1 号墩为例,由于桥墩不是很高,故该桥墩没有设置墩系梁。因此,可以根据该墩的几个组成部分,通过【拉伸】、【放样】、【空心放样】等命令完成桥墩三维模型的创建。当然,我们需要在多个视图中对各组成部分进行位置的调整,以满足桩基、桩系梁、墩柱、盖梁、支座垫石以及支座的准确放置要求。桩基肋板式桥台由台帽、耳背墙、台身、承台、桩基、支座垫石六个部分组成,因此桩基肋板式桥台模型的创建需要先创建出这六个部分的模型,再通过做一些辅助线使这些组成部分按照图纸中的位置形成一个桥台模型。

## 第一节  桥墩的创建

桥墩从总体上可分为重力式桥墩和轻型桥墩,按其构造可分为实体桥墩、空心桥墩、柱式桥墩、柔性墩和框架墩等。其中柱式桥墩的结构特点是由两根或多根立柱(或桩柱)所组成,这种桥墩是目前公路桥梁中广泛采用的桥墩形式之一,特别是在较宽大的城市桥和立交桥中。在此以桩柱式桥墩为例,进行桥墩模型的创建。

桩柱式桥墩的正立面图、侧立面图、三维视图及平面图,分别如图 10-1 ~ 图 10-4 所示。

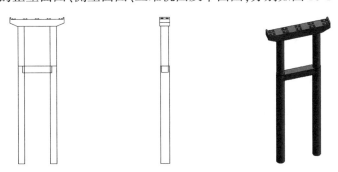

图 10-1  桥墩正立面图    图 10-2  桥墩侧立面图    图 10-3  桥墩三维视图

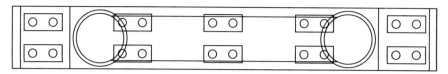

图 10-4 桥墩平面图

## 一、盖梁的创建

首先,对盖梁模型进行分析:盖梁的模型相当于在一个大长方体的基础上挖去一个小长方体和两个三棱柱,因此盖梁模型的创建运用的是【放样】和【空心放样】两个命令,创建实心长方体运用的是【放样】命令,两个空心三棱柱和空心小长方体创建用的是【空心放样】命令。盖梁的三维视图、正立面图、侧立面图、平面图分别如图 10-5~图 10-8 所示。

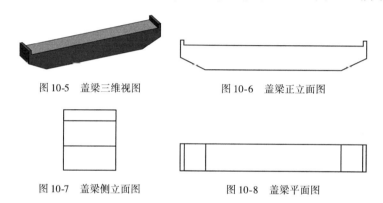

图 10-5 盖梁三维视图　　图 10-6 盖梁正立面图

图 10-7 盖梁侧立面图　　图 10-8 盖梁平面图

具体的操作步骤如下:

(1)选择【公制结构基础】族样板文件,点击右下角的【打开】,创建新族,如图 10-9 所示。

图 10-9 【新族-选择样板文件】对话框

(2)实心长方体的绘制。

①单击【创建】选项卡下【形状】面板中【放样】命令,激活【修改|放样】选项卡,在【放样】面板中选择【绘制路径】命令,进入【修改|放样 > 绘制路径】选项卡,如图 10-10 所示。

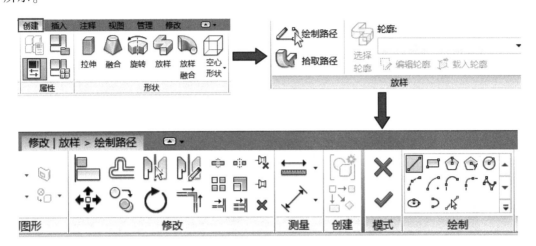

图 10-10　打开【修改|放样 > 绘制路径】选项卡

②使用【绘制】面板中的"直线"命令和【修改】面板中的"镜像-拾取轴"命令,根据桥墩正立面图中盖梁墩帽上两个挡块外边缘之间的水平距离,在【参照标高】平面上绘制实心长方体放样路径,并单击【模式】面板中的"对钩"按钮退出路径的绘制,如图 10-11 所示。

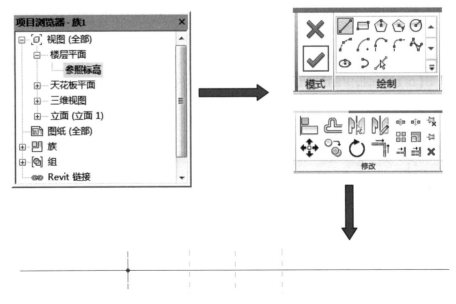

图 10-11　绘制路径(实心长方体)

③单击【放样】面板中的【编辑轮廓】,弹出【转到视图】对话框,选择【立面:右】,点击右下角的【打开视图】,进入右立面视图,按照图纸中盖梁的侧立面图编辑实心长方体的侧面轮廓,如图 10-12 所示。

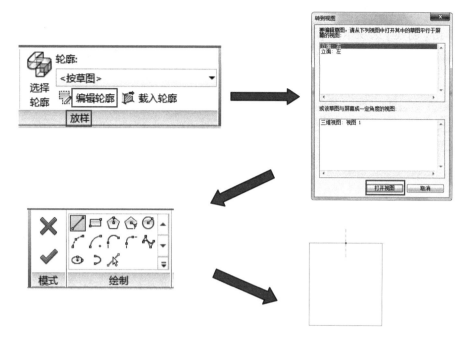

图 10-12　编辑侧面（实心长方体）轮廓

图 10-13　实心长方体的三维模型

④单击【模式】面板中的"对钩"按钮一次，退出【编辑轮廓】界面，再单击【模式】面板中的"对钩"按钮一次，退出【放样】界面，完成放样。放样完成后的实心长方体如图 10-13 所示。

（3）空心长方体的绘制。

①进入【参照标高】视图界面后，单击【创建】选项卡下【形状】面板中的【空心形状】，选择【空心放样】命令，如图 10-14 所示。

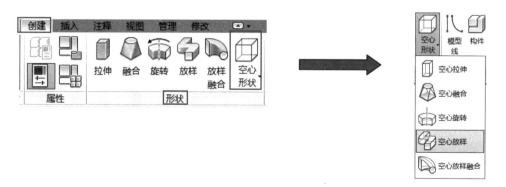

图 10-14　选择【空心放样】命令

②和实心长方体一样，根据图纸尺寸数据，进行空心放样路径的绘制和轮廓的绘制，如图 10-15、图 10-16 所示。

③单击【模式】面板中的"对钩"按钮一次，退出【编辑轮廓】界面，再单击【模式】面板中的"对钩"按钮一次，退出【空心放样】界面，完成空心放样。空心放样完成后模型形状如图 10-17 所示。

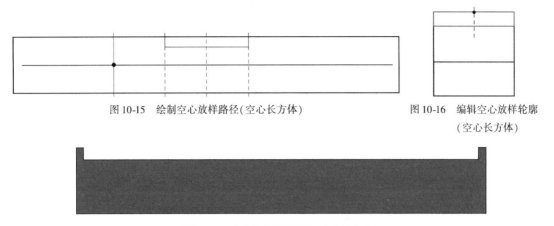

图 10-15　绘制空心放样路径(空心长方体)　　图 10-16　编辑空心放样轮廓
(空心长方体)

图 10-17　空心放样后的模型(空心长方体)

(4)空心三棱柱的绘制。

①单击【项目浏览器】中的【参照标高】,进入【参照标高】视图界面。单击【创建】选项卡下【形状】面板中的【空心形状】,选择【空心放样】命令,绘制空心三棱柱的空心放样路径。由于空心三棱柱与长方体在空间中的位置是垂直关系,所以其路径与长方体的路径是垂直的,如图 10-18 所示。

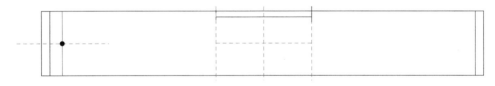

图 10-18　绘制空心放样路径(空心三棱柱)

②根据桥墩正立面图中的三棱柱轮廓的位置和尺寸数据,在【前立面】视图中编辑空心三棱柱的三角形轮廓,如图 10-19 所示。

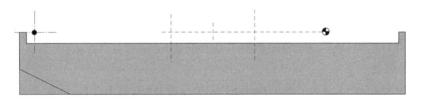

图 10-19　编辑空心放样轮廓(空心三棱柱)

③单击【模式】面板中的"对钩"按钮一次,退出【编辑轮廓】界面,再单击【模式】面板中的"对钩"按钮一次,退出【空心放样】界面,完成空心放样。空心放样完成后的模型形状如图 10-20 所示。

图 10-20　空心放样后的模型(空心三棱柱)

④选择左下角的空心三棱柱,单击【修改】面板中的"镜像-拾取轴"命令,将左侧的空心三棱柱镜像到右侧,如图10-21所示。

图10-21　镜像后的模型(空心三棱柱)

(5)盖梁的三维模型如图10-22所示。

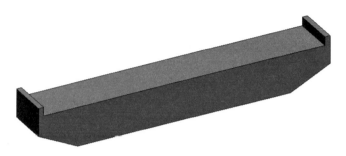

图10-22　盖梁的三维模型

## 二、墩柱以及桩基的创建

墩柱和桩基的模型相当于两个圆心在同一直线上且半径不同的实心圆柱拼接在一起,因此可以选择【拉伸】或【放样】等命令进行墩柱和桩基模型的创建。在创建墩柱和桩基模型时需要注意墩柱和桩基相对于盖梁的位置,因此要在盖梁的平面图上做好辅助线,以便于墩柱和桩基放置在正确的位置上。下面介绍墩柱和桩基模型的创建过程。首先需完成的准备工作:单击【参照标高】界面,进入盖梁的平面图,根据图纸的尺寸数据在盖梁的平面图上做好辅助线,使得创建的桩、柱在盖梁水平面上的投影与图纸相一致。由于正立面图中左右两边的墩柱和桩基关于盖梁中轴线对称,故只需创建一边的墩柱和桩基,另外一边可以采取"镜像"命令进行复制,这样可以极大地提升建模效率。

1.墩柱的创建

(1)在【参照标高】视图内,单击【创建】选项卡中的【拉伸】命令,以两条辅助线的交点作为圆心,根据墩柱横截面的半径尺寸,进行圆形轮廓的绘制,如图10-23所示。

图10-23　墩柱横截面的轮廓绘制

(2)在【属性】对话框中,按照柱子的长度以及与盖梁的相对位置,设置好拉伸起点和拉伸终点,如图10-24所示。

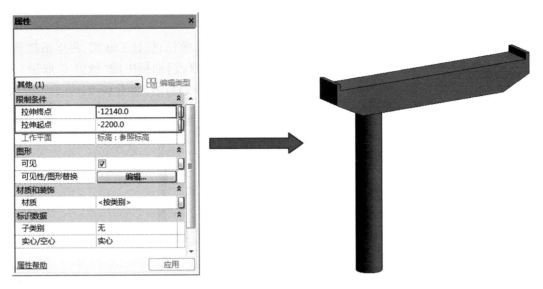

图 10-24　墩柱的拉伸长度的设置及其三维模型

2. 桩基的创建

(1)在【参照标高】视图内,单击【创建】选项卡中的【拉伸】命令,以两条辅助线的交点作为圆心,根据桩基横截面的半径尺寸,进行圆形轮廓的绘制,如图 10-25 所示。

图 10-25　桩基横截面的轮廓绘制

(2)在【属性】对话框中,按照桩基的长度以及与墩柱的相对位置,设置好拉伸起点和拉伸终点,如图 10-26 所示。

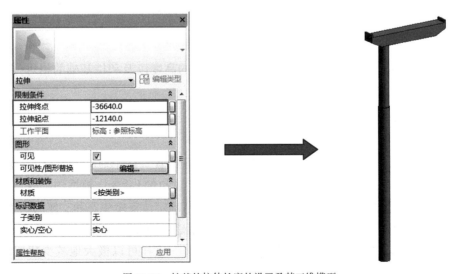

图 10-26　桩基的拉伸长度的设置及其三维模型

### 3. 墩柱和桩基的镜像

在【前立面】视图中选择柱式墩身和桩基（方法一：单击墩柱，按住 Ctrl 键，再单击桩基。方法二：直接按住鼠标左键并移动鼠标，进行框选），单击【修改】面板中的"镜像-拾取轴"命令，单击画好的辅助线——中轴线，可以把左边的桩、柱镜像到右边，如图 10-27 所示。

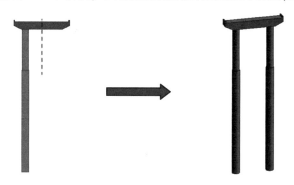

图 10-27　墩柱和桩基的镜像

## 三、桩系梁的创建

桩系梁是连接两边桩基础的梁，在空间上和桩基的轴线垂直相交。根据桩系梁在俯视图、正立面图以及侧立面图的投影，可看出它相对于盖梁和桩基的位置，在创建桩系梁模型之前要做好辅助线，而后在【参照标高】视图界面上用【拉伸】命令创建桩系梁模型。

（1）在【参照标高】视图内，单击【创建】选项卡中的【拉伸】命令，编辑桩系梁在俯视图上的投影轮廓。由于轮廓由直线和圆弧线两部分组成，因此可以选择"直线"和"起点-终点-半径弧"命令，绘制桩系梁轮廓，如图 10-28 所示。

图 10-28　桩系梁的轮廓绘制

（2）在【属性】对话框中，根据桩系梁在立面图中的高度以及和桩基础的相对位置，设置好拉伸起点和拉伸终点，如图 10-29 所示。

## 四、支座垫石以及支座的创建

支座垫石和支座模型相当于一个长方体的上表面放置着两个对称的圆柱，支座垫石和支座的创建可以采用【拉伸】、【放样】等命令，在此采用【拉伸】命令。根据图纸的尺寸数据，需要在【参照平面】做一些辅助线来协助模型创建并精确定位支座垫石和支座的位置。由于支座垫石以及支座在盖梁上规则分布，所以可以只创建 1 个支座垫石和 2 个支座。其他支座和支座垫石，可以用"复制"和"镜像"命令完成创建。这样可以极大地减少建模时间，提升建模效率。

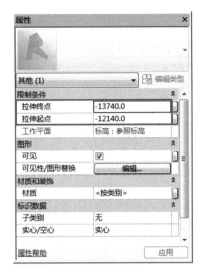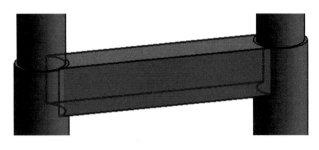

图 10-29　桩系梁的拉伸长度的设置及其三维模型

1. 支座垫石的创建

（1）在【参照标高】视图内,单击【创建】选项卡中的【拉伸】命令,根据辅助线的定位,进行支座垫石俯视图投影的轮廓绘制。选择"矩形"命令,绘制好的矩形轮廓如图 10-30 所示。

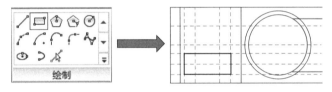

图 10-30　桥墩支座垫石的轮廓绘制

（2）在【属性】对话框中,按照支座垫石的高度以及和盖梁上表面的相对位置,设置好拉伸起点和拉伸终点,如图 10-31 所示。

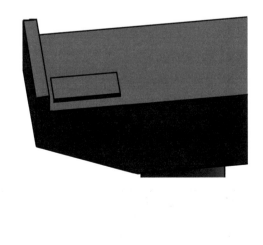

图 10-31　桥墩支座垫石的拉伸设置及其三维模型

## 2. 支座的创建

（1）在【参照标高】视图内，单击【创建】选项卡中的【拉伸】命令，根据辅助线的定位，选择"圆形"命令进行支座俯视图投影的轮廓绘制，如图 10-32 所示。

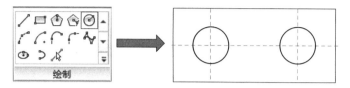

图 10-32　桥墩支座的轮廓绘制

（2）在【属性】对话框中，按照支座的高度以及和支座垫石上表面的相对位置，设置好拉伸起点和拉伸终点，如图 10-33 所示。

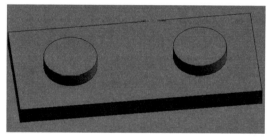

图 10-33　桥墩支座的拉伸设置及其三维模型

（3）根据支座（支座垫石）之间的相互距离以及它们和盖梁的相对位置，其余支座（支座垫石）的绘制可以通过对已创建好的支座及支座垫石使用"镜像"和"复制"命令完成，如图 10-34 所示。

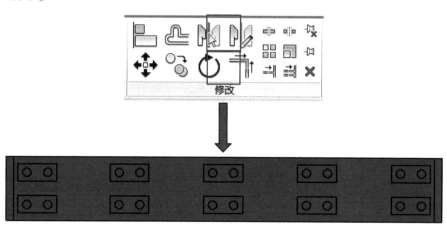

图 10-34　桥墩其余支座（支座垫石）的创建

至此,整个桩柱式桥墩的三维模型就创建好了,其效果如图 10-35 所示。

以上步骤是 1 号桥墩模型的创建过程,其余桥墩除了墩柱和桩基的长度与 1 号桥墩不同以外,其他构造完全相同,因此可以先将由以上步骤创建的桥墩另存为名为"1 号桥墩"的文件,然后在该桥墩创建文件下根据图纸中的尺寸调整墩柱和桩基以及系梁的位置,从而得到其他桥墩的模型,最后再另存为名为"某号桥墩"的文件,这样通过创建一个桥墩模型然后改变桥墩桩、柱尺寸并另存为从而得到其他桥墩模型,可以大大地提高桥墩模型创建的效率。

图 10-35 桩柱式桥墩的三维模型

# 第二节 桥台的创建

较桥墩来说,桥台的结构更加复杂。桥台总体上可分为重力式桥台和轻型桥台,除了这两种外还有组合桥台和承拉桥台。重力式桥台以 U 形桥台为代表,轻型桥台则分为设有支撑梁的轻型桥台、钢筋混凝土薄壁桥台、加筋土桥台和埋置式桥台。

桩基肋板式桥台属于轻型桥台中的埋置式桥台,桩基肋板式桥台的三维视图、正立面图、侧立面图和平面图,分别如图 10-36 ~ 图 10-39 所示。下面介绍桩基肋板式桥台模型的创建过程。

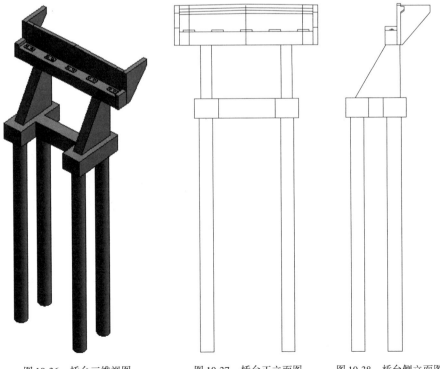

图 10-36 桥台三维视图　　图 10-37 桥台正立面图　　图 10-38 桥台侧立面图

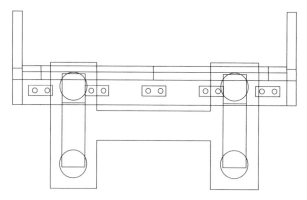

图 10-39　桥台平面图

## 一、台帽的创建

台帽模型相当于在一个大长方体中挖去一个小长方体,因此创建台帽运用的是【放样】和【空心放样】命令。其创建步骤与桥墩盖梁的创建步骤一样,在此不再赘述,可参照盖梁的创建方法。不同的是桥台的空心放样没有空心三棱柱的创建,所以台帽模型的创建只需一次放样和一次空心放样。创建的桥台台帽三维模型如图 10-40 所示。

图 10-40　桥台台帽的三维模型

## 二、耳背墙的创建

由于耳背墙关于桥台中心线对称,因此可绘制出一半的构造,然后通过"镜像"命令绘制出另一半的耳背墙。耳背墙的创建用到的命令有【放样】和【放样融合】。由于耳背墙后背的一部分存在坡度(不是等截面),因此这一段仅运用【放样】命令是绘制不出来的,还需要使用【放样融合】命令绘制。下面介绍耳背墙的创建过程。

1. 耳墙的创建

(1)耳墙模型采用【放样】命令绘制,根据图纸的尺寸数据以及它和台帽的相对位置,可以先绘制耳墙的放样路径,如图 10-41 所示。

图 10-41　绘制耳墙放样路径

（2）根据图纸的尺寸数据、耳墙在侧立面图中的轮廓，可以在右立面图中编辑耳墙的放样轮廓，绘制好的轮廓如图10-42所示，耳墙三维模型如图10-43所示。

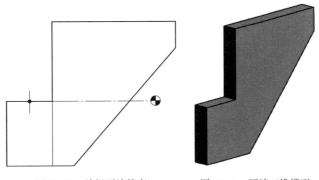

图10-42　编辑耳墙轮廓　　　图10-43　耳墙三维模型

（3）由于两个耳墙分别位于左右两侧，属于对称结构，另一个耳墙可以采用"镜像"命令进行复制，这样可以减少耳墙模型创建所需的时间，镜像后的效果如图10-44所示。

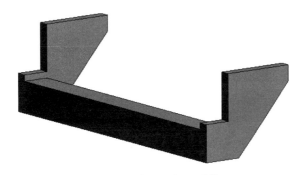

图10-44　镜像后耳墙的三维模型

2．背墙的创建

背墙分等截面和变截面两个部分，其中等截面和变截面又分别包含两段，且都关于桥台中心线对称。这样就可以绘制一侧的等截面部分和变截面部分，另外一侧则可以通过"镜像"命令来创建。等截面的部分用【放样】命令创建，变截面的部分用【放样融合】命令创建。在创建的过程中根据图纸中的尺寸数据进行绘制。

（1）等截面部分的创建。

①使用【放样】命令，在【参照标高】视图内，根据该部分的长度尺寸绘制等截面部分的放样路径，绘制好的路径如图10-45所示。

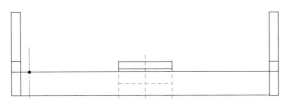

图10-45　绘制等截面部分放样路径

②在【右立面】视图中,根据桥台侧立面图纸中背墙的轮廓绘制等截面部分的放样轮廓,绘制好的轮廓如图 10-46 所示。等截面部分的三维模型如图 10-47 所示。

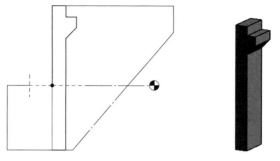

图 10-46　等截面部分的轮廓　　图 10-47　等截面部分的三维模型

③使用"镜像"命令,将该等截面部分镜像到另外一侧,完成背墙中所有等截面部分的绘制,镜像后的效果如图 10-48 所示。

图 10-48　镜像后等截面部分三维模型的平面视图

(2)变截面部分的创建。

①单击【创建】选项卡的【放样融合】命令,激活【修改 | 放样融合】选项卡,如图 10-49、图 10-50 所示。

图 10-49　【放样融合】命令

图 10-50　【修改 | 放样融合】选项卡的关键面板

②单击【放样融合】面板中的【绘制路径】,进入【修改 | 放样融合 > 绘制路径】选项卡,如图 10-51 所示。选择"直线"命令进行路径的绘制,绘制完成后单击【模式】面板中的"对

钩"按钮退出【修改|放样融合 > 绘制路径】,绘制好的路径如图10-52所示。

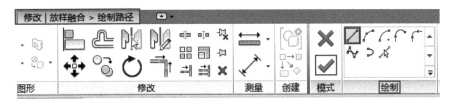

图10-51 【修改|放样融合 > 绘制路径】选项卡

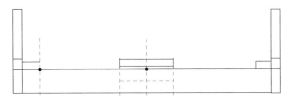

图10-52 变截面部分的放样路径

③单击【修改|放样融合】选项卡下【放样融合】面板中的【选择轮廓1】,激活【编辑轮廓】,如图10-53所示。

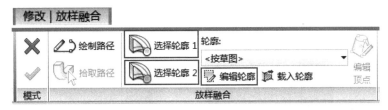

图10-53 选择轮廓

④单击【编辑轮廓】,弹出【转到视图】对话框,选择【立面:右】,并单击右下角的【打开视图】,如图10-54所示。进入右立面视图,根据图纸的尺寸数据进行轮廓1的绘制,并在绘制好后单击【模式】面板中的"对钩"按钮,完成轮廓1的绘制,编辑完的轮廓1如图10-55所示。

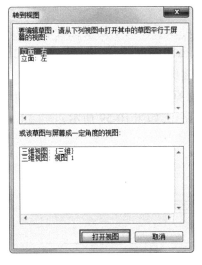

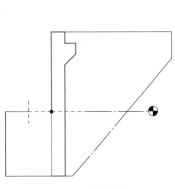

图10-54 【转到视图】对话框　　图10-55 编辑轮廓1

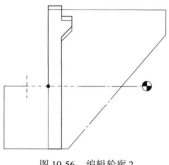

图 10-56　编辑轮廓 2

⑤单击【选择轮廓 2】,再单击【编辑轮廓】,弹出【转到视图】对话框,选择【立面:右】,并单击右下角的【打开视图】,如图 10-54 所示。进入右立面视图,根据图纸的尺寸数据进行轮廓 2 的绘制,并在绘制好后单击【模式】面板中的"对钩"按钮,完成轮廓 2 的绘制,编辑完的轮廓 2 如图 10-56 所示。

⑥单击一次【模式】面板中的"对钩"按钮,退出【修改|放样融合＞绘制路径】选项卡,再单击一次"对钩"按钮,退出【修改|放样融合】选项卡,完成【放样融合】命令。创建好的变截面模型如图 10-57 所示。

⑦使用"镜像"命令,将该变截面部分镜像到另外一侧,完成背墙中所有变截面部分的绘制,镜像后的效果如图 10-58 所示。

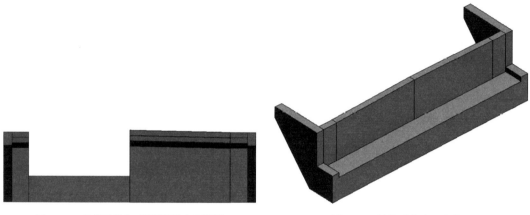

图 10-57　变截面部分三维模型的立面视图　　　　图 10-58　镜像后背墙三维模型

## 三、台身(肋墙)的创建

台身(肋墙)的构造是两块后倾式的肋板,可以看作两个高度比较矮的四棱柱。两侧的肋墙关于桥台中心线对称,所以可以根据图纸做好辅助线,再选择【放样】命令绘制一侧肋墙,而另外一侧肋墙则可以使用"镜像"命令创建出来。具体操作步骤如下:

(1)采用【放样】命令来创建肋墙模型。根据图纸的尺寸数据以及它和台帽的相对位置,可以在【参照平面】视图中绘制肋墙的放样路径,如图 10-59 所示。

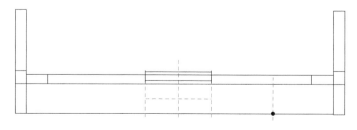

图 10-59　绘制肋墙的放样路径

（2）根据图纸的尺寸数据、肋墙在桥台侧立面图中的轮廓，可以在右立面图中编辑肋墙的放样轮廓，绘制好的轮廓如图 10-60 所示，单击两次"对钩"按钮，退出绘制状态，肋墙的三维模型如图 10-61 所示。

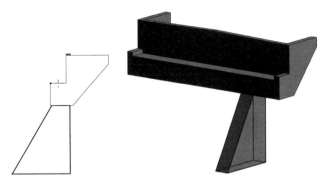

图 10-60　肋墙的轮廓　　　　图 10-61　肋墙的三维模型

（3）使用"镜像"命令，将该侧肋墙部分镜像到另外一侧，完成台身中所有肋墙的绘制，镜像后的效果如图 10-62 所示。

## 四、承台的创建

承台的构造是一个规则的立方体，结合桥台立面、平面和侧面图纸，可以看出承台是等截面的，而且从平面图中可以看出承台轮廓，因此承台可以用【拉伸】命令绘制出来。下面介绍承台的创建过程。

（1）选择【拉伸】命令来创建承台模型。根据图纸的尺寸数据、它和台身的相对位置以及做好的辅助线，在【参照平面】视图中使用"直线"命令和"镜像"命令来绘制承台的轮廓，绘制好的轮廓如图 10-63 所示。

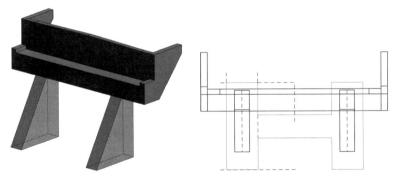

图 10-62　台身三维模型　　　　图 10-63　承台的轮廓

（2）按照承台的高度及其和桥台各部分的相对位置关系，在【属性】对话框中设置好拉伸起点和拉伸终点，如图 10-64 所示。承台三维模型如图 10-65 所示。

## 五、桩基的创建

承台的桩基模型创建和前面桩柱式桥墩的桩基模型创建是一样的。承台下方有四根圆柱形桩基,在此可以根据图纸信息使用【拉伸】命令完成一侧的桩基模型创建,另外一侧桩基可以通过"镜像"命令得到。具体创建过程如下:

(1)在【参照标高】视图内,单击【创建】选项卡中的【拉伸】命令,以两条辅助线的交点作为圆心,根据桩基横截面的半径尺寸,进行圆形轮廓的绘制,如图 10-66 所示。

图 10-64　承台拉伸的设置

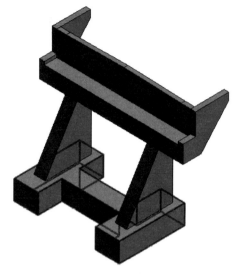

图 10-65　承台三维模型

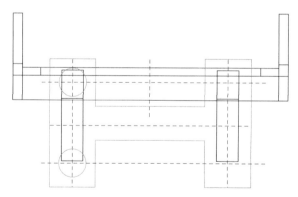

图 10-66　桩基的圆形轮廓

(2)按照桩基的高度及其和承台的相对位置关系,在【属性】对话框中设置好拉伸起点和拉伸终点,如图 10-67 所示。桩基三维模型如图 10-68 所示。

(3)桩基的镜像。

选中需要镜像的桩基,单击【修改】选项卡中的"镜像-拾取轴"命令,再选中【参照平面】视图中已做好的对称轴线,完成桩基的复制。镜像完成后的桩基三维模型如图 10-69 所示。

## 六、支座垫石以及支座的创建

桥台的支座垫石以及支座的模型和桥墩的一样,相当于一个长方体的上表面放置着两个对称的圆柱,支座垫石以及支座的创建可以采用【拉伸】、【放样】等命令,此处采用【拉伸】命令。根据图纸的尺寸数据,需要在【参照平面】视图内做一些辅助线来协助创建模型并精确定位支座垫石和支座的位置。由于5个支座垫石以及10个支座规则分布且彼此之间距离相等,所以可以只创建1个支座垫石和2个支座,而其他支座垫石和支座,可以用"复制"命令完成创建。这样可以极大地减少建模时间,提高建模效率。

图 10-67　桩基拉伸的设置

图 10-68　桩基三维模型

### 1. 支座垫石的创建

(1)在【参照标高】视图内,单击【创建】选项卡中的【拉伸】命令,根据辅助线的定位,进行支座垫石俯视图投影的轮廓绘制,选择"矩形"命令进行绘制,绘制好的矩形轮廓如图10-70所示。

图 10-69　镜像后的桩基三维模型

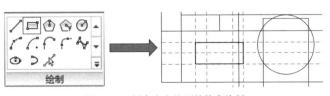
图 10-70　桥台支座垫石的轮廓绘制

(2)在【属性】对话框中,按照支座垫石的高度及其和台帽上表面的相对位置,设置好拉伸起点和拉伸终点,如图10-71所示。

图10-71 桥台支座垫石的拉伸设置及其三维模型

2. 支座的创建

(1)在【参照标高】视图内,单击【创建】选项卡中的【拉伸】命令,根据辅助线的定位,选择"圆形"命令进行支座俯视图投影的轮廓绘制,如图10-72所示。

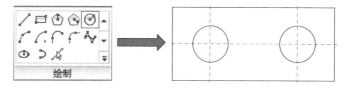

图10-72 桥台支座的轮廓绘制

(2)在【属性】对话框中,按照支座的高度及其和支座垫石上表面的相对位置,设置好拉伸起点和拉伸终点,如图10-73所示。

图10-73 桥台支座的拉伸设置及其三维模型

(3)根据支座(支座垫石)之间的相互距离以及它们和台帽的相对位置,其余支座(支座垫石)的绘制可以通过对已创建好的支座及支座垫石使用"复制"命令完成,如图 10-74 所示。

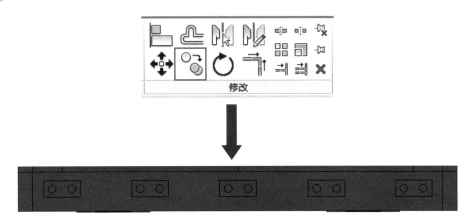

图 10-74　桥台其余支座(支座垫石)的创建

至此,整个桩基肋板式桥台的三维模型就创建好了,其效果如图 10-75 所示。

以上步骤是 0 号桥台模型的创建过程,其余桥台除了桩、肋板高度与 0 号桥台不同以外,其他构造完全相同,因此可以先将按以上步骤创建的桥台另存为名为"0 号桥台"的文件,然后在该桥台创建文件下根据图纸中的尺寸修改桩的高度和肋板,从而得到其他桥台的模型,最后另存为名为"某号桥台"的文件。通过创建一个桥台模型然后改变桩基高度和肋板,从而得到其他桥台模型,可以大大地提高桥台模型创建的效率。

图 10-75　0 号桥台的三维模型

# 第十一章 桥面系的创建

桥面的基本附属设施,包括桥面系、伸缩缝、桥梁与路堤衔接处的桥头搭板和锥形护坡等。其中桥面系是指上部结构中,直接承受车辆、人群等荷载并将其传递至主要承重构件的桥面构造系统,包括桥面铺装、桥面板、人行道等,如图 11-1 所示。

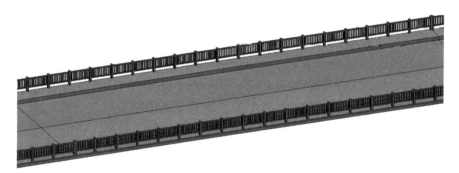

图 11-1 桥面系三维图

## 第一节 桥面铺装及人行道板的创建

这里桥面模型的创建用的是【放样】命令,在绘制桥面轮廓时要注意坡度的绘制(此处行车道的坡度为 2%,人行横道的坡度为 1%)。下面为桥面创建的操作过程。

放样路径长度根据图纸要求绘制,路径绘制完成后编辑桥面轮廓,最后创建完成桥面模型。图 11-2、图 11-3 为桥面轮廓的绘制与最后形成的桥面三维模型图。

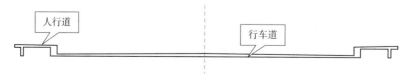

图 11-2 绘制桥面放样轮廓

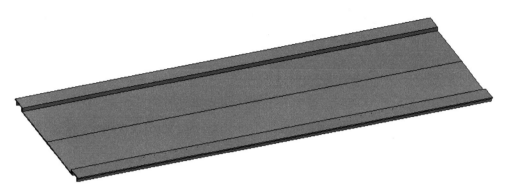

图 11-3　桥面三维模型图

创建好桥面三维模型后,将模型文件保存。

# 第二节　栏杆的创建

栏杆由立柱、扶手、横档三部分组成,因此要创建栏杆模型要分别创建出这些部分,下面介绍栏杆模型的创建过程。

## 一、立柱的创建

立柱的构造是长方体,因此可以用【放样】命令创建,但是一个栏杆有多个立柱,因此要根据图纸要求绘制出多个立柱,这里运用的是【阵列】命令。首先根据图纸尺寸数据创建出一个立柱的模型,然后在前立面图中选中该模型,单击【阵列】,输入移动的长度,如图 11-4 所示,再根据图纸中立柱的个数输入阵列数量,如图 11-5 所示,完成立柱的创建。

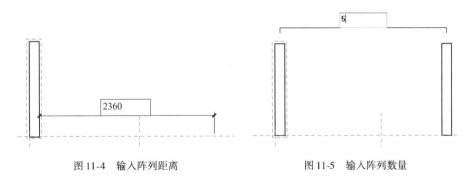

图 11-4　输入阵列距离　　　　　　图 11-5　输入阵列数量

## 二、扶手的创建

扶手的构造是一个贯穿一跨的长方体,因此也使用【放样】命令绘制;扶手分上、下两个部分,在放样创建出一边的扶手之后可以根据图纸上的尺寸数据用"镜像"命令创建出另一边的扶手。

首先在【项目浏览器】的【参照标高】界面内绘制放样路径,如图 11-6 所示。路径绘制完成后,在左视图界面编辑放样轮廓,如图 11-7 所示。

图 11-6　绘制扶手放样路径

做参照线,用"镜像-拾取轴"命令完成扶手模型的创建,如图 11-8 所示。

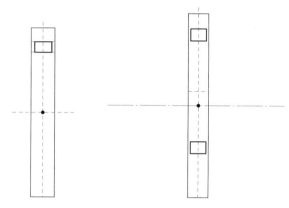

图 11-7　编辑扶手放样轮廓　　图 11-8　镜像扶手

单击【模式】面板内的"完成编辑"按钮  两次,扶手模型就创建完成了。

## 三、横档的创建

横档位于两个立柱之间,其构造也是长方体,也使用【放样】命令创建,创建时绘制其路径要根据其在图纸中与立柱之间的相对位置关系确定。以下为绘制横档的步骤。

(1)先根据横档与相邻两立柱之间的关系绘制出一个横档创建时放样的路径,如图 11-9 所示。

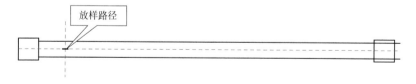

图 11-9　绘制横档放样路径

(2)路径创建好后绘制轮廓,一个横档创建好后,按照图纸中相邻两个立柱之间横档的数量用【阵列】命令将相邻两个立柱之间的横档全部创建出来(步骤与立柱的创建一样),如图 11-10 所示。

(3)选中用【阵列】命令创建好的两相邻立柱之间的横档,点击【阵列】命令,输入阵列距离,按 Enter 键,将横档填充到所有相邻立柱之间,如图 11-11 所示。

(4)其他相邻两立柱之间的横档绘制均采用上述方法,之后形成栏杆的模型,最后保存文件。栏杆三维模型图如图 11-12 所示。

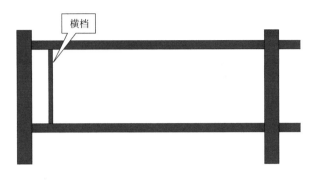

图 11-10　一根横档

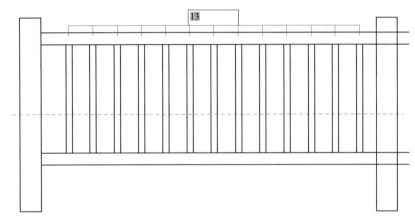

图 11-11　阵列横档

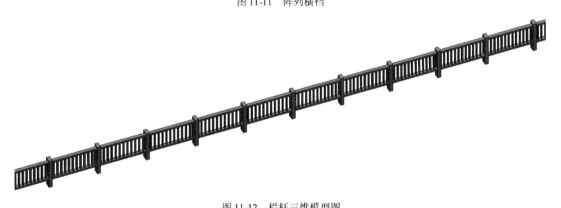

图 11-12　栏杆三维模型图

栏杆模型创建完成后,桥梁构件模型就创建完成,接下来放置钢筋。

## 第三节　防撞护栏的创建

桥梁的防撞护栏按构造特征可分为梁柱式防撞护栏、钢筋混凝土墙式防撞护栏以及组合式防撞护栏等。以钢筋混凝土墙式防撞护栏(NJ 型)为例,进行防撞护栏模型的创建。该防撞护栏模型分为立柱、横向圆钢管和下部墙式混凝土三个部分,类似于栏杆的创建,下面介绍其创建过程。

## 一、立柱的创建

图 11-13　右立面视角的立柱模型

立柱的构造是长方体和半圆柱的结合,并在中间镂空一个圆柱,因此可以用【拉伸】、【空心拉伸】以及【剪切】命令在右立面视图中绘制立柱的轮廓,设置拉伸长度,创建立柱模型,如图 11-13 所示。然而一个栏杆有多个立柱,因此要根据图纸要求绘制出多个立柱,这里运用的是"复制"命令,首先根据图纸尺寸数据创建出一个立柱的模型,然后在前立面图中选中该模型,单击输入移动的长度,再输入阵列的个数即可,如图 11-14、图 11-15 所示。

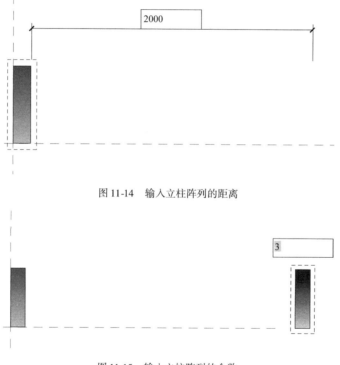

图 11-14　输入立柱阵列的距离

图 11-15　输入立柱阵列的个数

## 二、横向圆钢管的创建

横向圆钢管的创建采用的是【拉伸】命令,首先在右立面视图中绘制它的轮廓,再设置好拉伸长度,即可完成创建。创建好的横向圆钢管模型如图 11-16 所示。

## 三、墙式混凝土部分的创建

墙式混凝土部分的模型采用【拉伸】命令来创建,在右立面视图中绘制轮廓时要采用

"直线"和"圆弧角"命令,绘制好的轮廓如图 11-17 所示。墙式混凝土三维模型如图 11-18 所示。

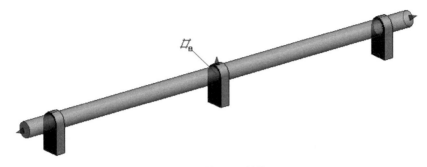

图 11-16　横向圆钢管模型

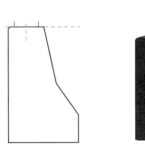 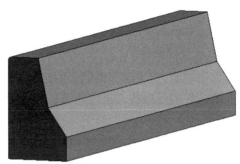

图 11-17　墙式混凝土部分的轮廓　　图 11-18　墙式混凝土三维模型

整个钢筋混凝土墙式防撞护栏的三维模型创建完成后,其中的一段如图 11-19 所示。

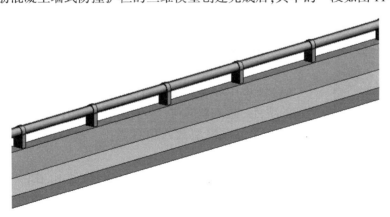

图 11-19　钢筋混凝土墙式防撞护栏的三维模型

# 第十二章

# 桥梁构件中普通钢筋的创建

在一个桥梁模型的创建中,钢筋的放置是必不可少的,前面通过【放样】、【放样融合】、【空心放样】、【空心放样融合】、【拉伸】等命令创建出了桥梁的基本构件,然而在这些创建的族文件中无法放置钢筋,为了能在模型中的构件放置钢筋,需要用 Revit 创建一个新的项目,把前面创建好的构件的模型载入新建的项目当中,然后通过【剖面】命令剖出各个结构的不同的剖面图,在剖面中通过做辅助线的方法放置钢筋。下面详细介绍常见的预应力混凝土简支梁桥,从下部结构到上部结构各组成构件钢筋的放置。

## 第一节 桥墩钢筋的创建

### 一、在项目中载入桥墩模型

图 12-1 创建新项目

(1)打开 Revit 软件,点击【项目】面板下的【结构样板】,创建一个新的项目。进入新的项目中后,先后点击【插入】→【载入族】,把之前保存的桥墩模型载入项目当中。具体操作过程如图 12-1、图 12-2 所示。

(2)载入族文件以后,点击【结构】选项卡,在【结构】面板下点击【梁】,然后用鼠标绘制出一条路径将需载入项目中的桥墩的族放置到项目中,如图 12-3 所示。

图 12-2 载入族文件

族载入项目后,点击【结构】面板下的【梁】,在【参照标高】界面上用鼠标左键点击放置桥墩,并输入载入族的长度(默认为3000mm),如图12-4所示。桥墩族文件在项目中放置好后,即可在桥墩模型中放置钢筋。

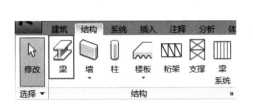

图12-3 放置载入的族

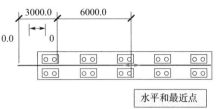

图12-4 放置桥墩(尺寸单位:mm)

## 二、盖梁钢筋的创建

在桥墩所有部位的钢筋中,盖梁的钢筋是最多也是最复杂的,下面介绍盖梁钢筋的放置过程。

(1)剖出盖梁图纸中的立面图、平面图、立面图的侧面图,这里采用的是【视图】功能区中的【剖面】命令。首先在项目中桥墩的西(左)立面中剖出盖梁的立面图,然后在剖出的立面图中用剖面工具剖出盖梁的平面图。剖出的平面图是为了使在立面图中绘制出来的结构钢筋按照图纸中的位置准确放置。剖出的立面图的侧面图是为了绘制出盖梁中的闭合箍筋。需要注意的是,剖面时要根据图纸中剖面所在位置通过做辅助线的方法剖出。图12-5~图12-7为盖梁放置钢筋过程的剖面图。

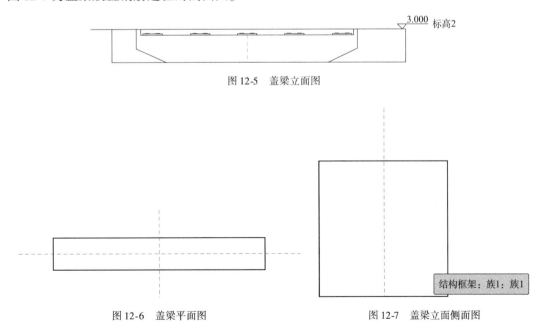

图12-5 盖梁立面图

图12-6 盖梁平面图　　　　　图12-7 盖梁立面侧面图

(2)盖梁钢筋的放置。由于盖梁所用钢筋有很多是Revit钢筋库中没有的,因此需要自己在剖面图中通过【绘制钢筋】命令绘制出来。该桥墩盖梁共有14种钢筋,全部需要自己在剖面图中通过做辅助线绘制出来,再在其他剖面图中调整钢筋的数量与位置。下面介绍各个钢筋绘制以及数量与位置调整的步骤。

首先要在剖面图中做好辅助线,以便于准确地绘制钢筋以及保证钢筋数量与位置与图纸一致。绘制钢筋用到的工具是【结构】选项卡下的【钢筋】命令,具体的操作顺序为单击【结构】→【钢筋】→【绘制钢筋】,然后选择钢筋绘制的主体,最后在辅助线的参考下绘制钢筋。钢筋绘制好后单击【模式】面板的"完成编辑"按钮,再找到其他的剖面以调整钢筋的位置。具体操作如下。

点击【结构】下面的【钢筋】命令,如图 12-8 所示。

图 12-8 【结构 | 钢筋】命令

进入【钢筋】命令界面,单击选择【绘制钢筋】,如图 12-9 所示。

图 12-9 【绘制钢筋】命令和选择主体

鼠标左键单击钢筋绘制的主体,在主体上面绘制钢筋。绘制钢筋时要根据图纸中钢筋的间距及数量绘制出辅助线,然后在辅助线的参考下用【绘制钢筋】命令中的"直线"命令将钢筋绘制出来,如图 12-10 所示。

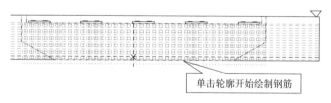

图 12-10 绘制钢筋

上述步骤展示了钢筋绘制的操作过程。下面介绍具体钢筋的绘制及其位置、数量的调整。图 12-11 为 1 号钢筋的绘制。

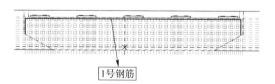

图 12-11 1 号钢筋绘制图

绘制好之后单击【模式】面板中的"完成编辑"按钮,打开平面剖面图,编辑 1 号钢筋的数量以及间距。首先点击 1 号钢筋，右上角会出现钢筋的编辑窗口，单击【布局】，选择【间距数量】，然后根据图纸中 1 号钢筋的数量以及间距输入间距、数量的数值，输入之后钢筋的数量以及间距就按照规定的布局布置出来，但是布局好的钢筋还未按照图纸中的位置放置，因此采用【移动】命令将布局好的钢筋移动到应放置的位置。具体的操作如下：

选择钢筋布局，如图 12-12 所示。

输入钢筋间距及数量，如图 12-13 所示。

图 12-12　编辑钢筋布局　　　　图 12-13　输入钢筋间距及数量

钢筋间距及数量编辑好后，将 1 号钢筋移动到适当位置，移动时要做好辅助线，以便钢筋能够按照图纸中的位置准确放置，如图 12-14 所示。

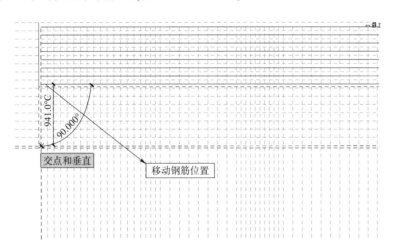

图 12-14　移动 1 号钢筋

移动后，1 号钢筋放置完成。

重复钢筋绘制命令，绘制 2 号钢筋，如图 12-15 所示。

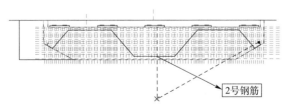

图 12-15　2 号钢筋绘制图

2号钢筋绘制出来后,在盖梁立面侧面图中用"复制"命令调整2号钢筋的位置。复制时注意按照参考线的指引将其他位置的2号钢筋准确放置,如图12-16所示。

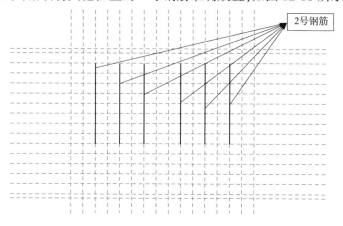

图12-16 2号钢筋布置图

按照2号钢筋放置的过程,在剖面图中绘制3号钢筋,如图12-17所示。

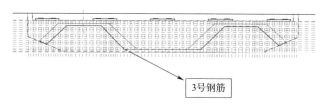

图12-17 3号钢筋绘制图

3号钢筋绘制好后,在盖梁立面侧面图中用"复制"命令调整3号钢筋位置,如图12-18所示。

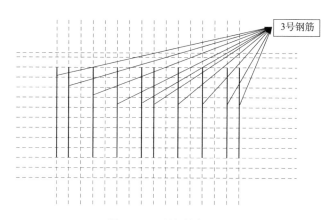

图12-18 3号钢筋布置图

4~10号钢筋的绘制与位置调整步骤与1、2、3号钢筋操作步骤一样,这里不再赘述。

下面说说箍筋的绘制。该盖梁中11~14号钢筋都是闭合的箍筋,要想绘制出它们的形状需要在盖梁横剖面图中绘制,然后在盖梁平面剖面图中调整箍筋的数量与位置。下面以11、12号钢筋为例来说明箍筋的绘制与放置过程。

在盖梁横剖面图中绘制 11 号钢筋,如图 12-19 所示。

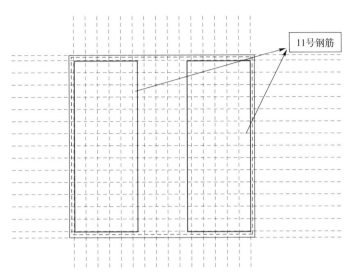

图 12-19  11 号钢筋绘制图

11 号钢筋绘制好之后,打开盖梁平面剖面图,在辅助线的参照下运用"复制"命令将 11 号钢筋复制到对应的位置,经过一根一根 11 号钢筋的复制最终把 11 号钢筋按照图纸中的位置放好,图 12-20 所示为 11 号钢筋在平面剖面图上的布置。

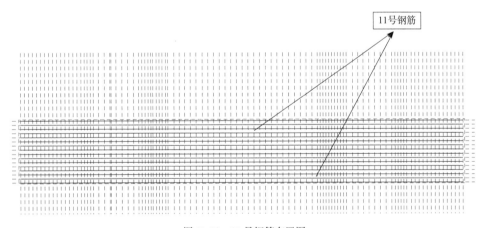

图 12-20  11 号钢筋布置图

11 号钢筋放置完成后,接下来放置 12 号钢筋。首先绘制 12 号钢筋,如图 12-21 所示。

绘制好 12 号钢筋后,在盖梁平面剖面图中运用"复制"命令放置好 12 号钢筋。13、14 号钢筋与 11、12 号钢筋的绘制步骤大体相同,但是由于 13、14 号钢筋是放置在盖梁变截面处的箍筋,其尺寸会随着盖梁高度的变化而变化,绘制 13、14 号钢筋需要根据图纸上 13、14 号钢筋所在位置在立面剖面图中一个个做出侧面剖面图,然后在新的剖面图中绘制 13、14 号钢筋的轮廓。盖梁中有 60 根 13 号钢筋和 30 根 14 号钢筋,但由于盖梁是对称的,所以需要剖 15 个剖面才能绘制出所有的 13、14 号钢筋。

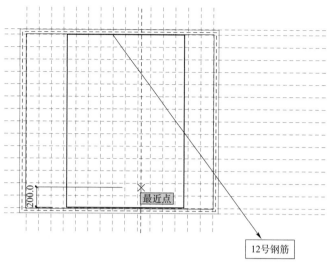

图 12-21　12 号钢筋绘制图

盖梁钢筋的放置就是在盖梁三视图剖面中的一个绘制钢筋的轮廓,然后在另外一个剖面中调整钢筋的数量与位置,最后把所有钢筋放置到盖梁中。

### 三、桥墩挡块钢筋的创建

首先做出一边挡块侧面剖面图以及平面剖面图,做好之后在三视图中做好辅助线,然后放置钢筋,一边的钢筋放置好以后用"镜像"命令放置另一边挡块的钢筋。挡块钢筋总共有两种,分别是直钢筋和箍筋,其中箍筋需要在剖面图中绘制,直钢筋可以用钢筋库中的钢筋放置。下面介绍挡块钢筋的放置步骤。

(1)1 号钢筋的放置

1 号钢筋是直钢筋,因此可以从钢筋库中选取直钢筋的形状,然后在平面剖面图中放置,其中要注意的就是放置方向得选择【垂直于保护层】(图 12-22),选取之后就可以在辅助线的参考下放置 1 号钢筋了。

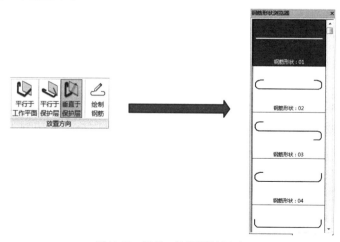

图 12-22　选择 1 号钢筋放置方向

(2)2 号钢筋的放置

2 号钢筋是闭合的箍筋,钢筋库中没有这样形状的钢筋,因此需要通过【绘制钢筋】命令绘制出来,图 12-23 为在平面剖面图中绘制出来的 2 号钢筋。

箍筋绘制好之后,在侧面剖面图中基于辅助线确定箍筋的位置与数量。2 号钢筋放置好以后,一侧挡块的钢筋就放置完成了(图 12-24),由于另一侧挡块的钢筋与已经放置好的钢筋是关于盖梁中轴对称的,所以先选中已经放置好的所有钢筋,然后通过"镜像"命令得到另一侧挡块的钢筋,图 12-25 所示为挡块镜像后盖梁钢筋立面图。

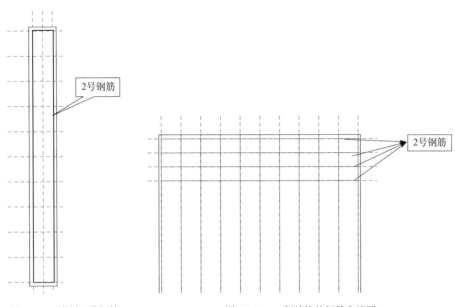

图 12-23　绘制 2 号钢筋　　　图 12-24　一侧挡块的钢筋布置图

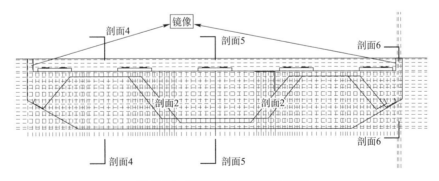

图 12-25　挡块镜像后盖梁钢筋立面图

## 四、系梁钢筋的创建

首先剖出系梁的三视图剖面,然后在三视图剖面中借助辅助线放置、调整钢筋。系梁的钢筋有两种,一种是直钢筋,另一种是闭合箍筋,因此与挡块的钢筋一样,直钢筋直接用钢筋库中的钢筋放置,闭合箍筋在侧面剖面图中绘制出来,然后在立面剖面图或者平面剖面图中确定位置与数量。下面介绍系梁钢筋的放置步骤。

1号钢筋为直钢筋,在侧面剖面图中选取直钢筋在辅助线的参照下进行放置,如图12-26所示。

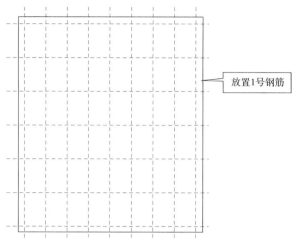

图12-26　放置1号钢筋

1号钢筋放置好后,再在侧面剖面图中绘制闭合箍筋即2号钢筋,绘制好后,在立面剖面图中确定2号钢筋的位置与数量。该步骤为根据图纸中2号钢筋的数量以及间距对绘制好的2号钢筋进行布局编辑,输入钢筋数量以及间距,再借助辅助线移动到适当位置,如图12-27～图12-29所示。至此,系梁钢筋放置完成。

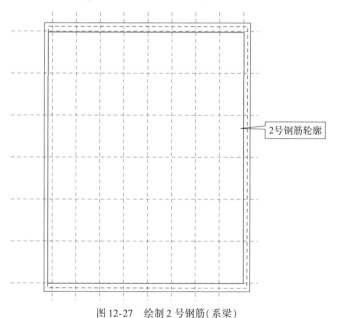

图12-27　绘制2号钢筋(系梁)

## 五、墩柱以及桩基钢筋的创建

墩柱和桩基是关于中轴线对称的,因此放置墩柱和桩基钢筋只需将一边的钢筋放置完成,然后用"镜像"命令完成另一边的钢筋放置。由于桩、柱的钢筋比较复杂,因此在放置的过程中放置好一种型号的钢筋就用"镜像"命令把另一边的钢筋放置好。墩柱和桩基的钢筋种类以及放置方法是一样的,因此这里以桩基钢筋的放置步骤来说明。下面介绍桩基钢筋的放置步骤。

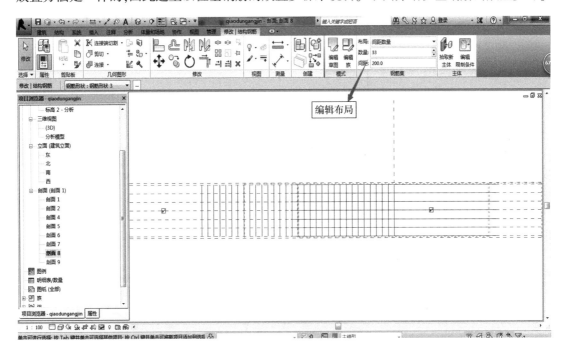

图 12-28  2 号钢筋布局编辑

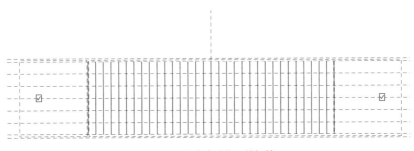

图 12-29  移动后的 2 号钢筋

(1) 纵向钢筋的放置

桩基的纵向钢筋是桩基的主要受力钢筋,因为桩基上部与墩柱连接,相应纵向钢筋上端形状为折线状,其他为竖直线。为方便钢筋的绘制与放置,首先剖出桩的剖面图,在剖面图中做好辅助线,如图 12-30 所示。

做好辅助线后,开始在径向剖面图中绘制纵向钢筋,其尺寸根据图纸确定,如图 12-31 所示。

在径向剖面图绘制好纵向钢筋后,然后通过桩基水平剖面即横截面调整纵向钢筋的平面位置。由于纵向钢筋在桩基横截面呈轴对称分布,且端部为折线形,如采用"复制"命令,得到的纵向钢筋不是对称分布。纵向钢筋必须通过"镜像"命令才能满足对称分布的要求。下面介绍一下桩纵向钢筋位置及数量调整的具体步骤。

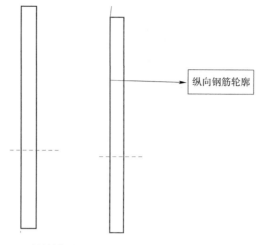

图 12-30　桩的剖面图　　图 12-31　绘制纵向钢筋

纵向钢筋位置的调整需要剖出桩的平面图,在平面剖面图中绘制出两条互相垂直的辅助线,其中竖直的线为桩截面直径,水平的线为纵向钢筋镜像的对称轴,如图 12-32 所示。

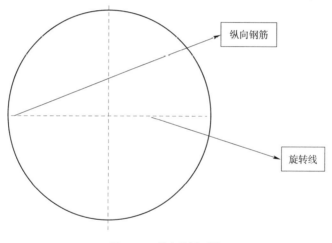

图 12-32　桩水平剖面图

作好辅助线之后,先看图纸中纵向钢筋的根数,然后算出相邻两个纵向钢筋与圆心连线形成的角度,之后选择水平辅助线,对其进行旋转,使其落在相邻两个纵向钢筋与圆心连线的角平分线处。再选中纵向钢筋,运用"镜像"命令,以旋转后的辅助线为轴放置好纵向钢筋,如图 12-33 所示。

重复上一步的操作,将一个桩的钢筋放置完,之后选中所有钢筋,通过"镜像"命令绘制出另一个桩的纵向钢筋。

(2)螺旋箍筋的放置

做出桩水平剖面图,点击钢筋,选择钢筋库中的螺旋箍筋,然后点击桩水平剖面圆心,放置螺旋箍筋。如图 12-34 所示为选择钢筋形状。

放置的螺旋箍筋的属性是默认的,可以在立面剖面图中点击放置的螺旋箍筋,再点击【属性】,编辑螺旋箍筋的属性,如图 12-35 所示。

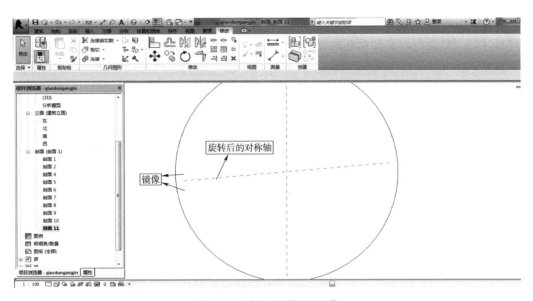

图 12-33 旋转对称轴进行镜像

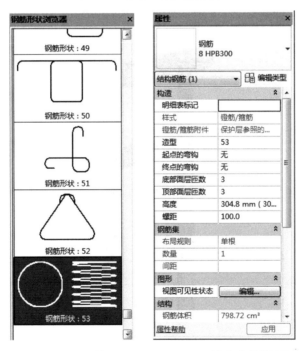

图 12-34 选择钢筋形状　　图 12-35 编辑螺旋箍筋属性

用"镜像"命令将编辑好的螺旋箍筋镜像放置到另一个桩,桩的钢筋就放置完成。

柱的钢筋的放置步骤、方法与桩的相同,但要注意在绘制纵向钢筋时尺寸要根据图纸设计。另外,螺旋箍筋的编辑也和桩的有所不同。桩、柱钢筋放置好后要保存文件。

## 六、支座垫石钢筋的创建

支座垫石的钢筋只有两种,比较简单,下面介绍其放置过程。

首先剖出支座垫石的平面图,再在辅助线的参照下用【绘制钢筋】命令绘制出两种钢筋,最后通过"复制"命令将两种钢筋放置好,如图 12-36 所示。

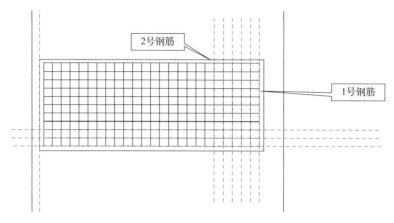

图 12-36　绘制并编辑钢筋

按照上述步骤逐个把支座垫石的钢筋放置好,放置完成之后桥墩的钢筋就创建完成了,图 12-37 为桥墩钢筋三维图。

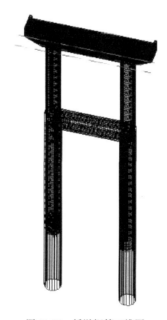

图 12-37　桥墩钢筋三维图

## 第二节　桥台钢筋的创建

桥台的结构与桥墩相似,但是桥台的结构更加复杂。桥台与桥墩的不同之处就是桥台有耳背墙、台身、承台,因此桥台钢筋放置比桥墩多的就是这三种结构钢筋的放置。其他结构钢筋的放置步骤以及方法在桥墩钢筋的放置中已经说明,这里不再赘述。下面介绍桥台这三种结构钢筋的放置步骤。

## 一、耳背墙钢筋的创建

耳背墙的构造包括耳背与后面有坡度的墙,而耳背又是对称的,因此耳背墙的钢筋放置分成两个部分,分别是耳背、挡墙钢筋的放置。

1. 耳背钢筋的创建

(1)耳背处的钢筋型号是 3、4、5、6、7、8、9、10、11 号,这些钢筋都可以在耳背的侧面剖面图中通过【绘制钢筋】命令绘制出来。图 12-38 为在辅助线的参照下在耳背侧面剖面图中绘制出来的钢筋。

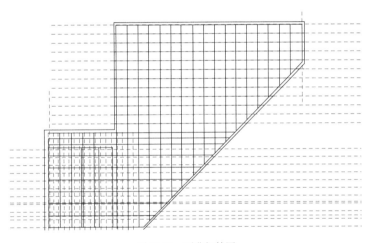

图 12-38　耳背钢筋图

(2)耳背钢筋绘制好以后,还要在立面剖面图和平面剖面图中通过辅助线调整钢筋的位置以及数量。

(3)调整好一个耳背的钢筋后,选中所有钢筋,用"镜像"命令放置另一个耳背的钢筋。

2. 挡墙钢筋的创建

挡墙钢筋型号是 1、2、12、13 号,其中 1、2、12 号钢筋是高度随着坡度改变的钢筋,因此在绘制钢筋的时候要根据钢筋的数量剖出多个截面,图纸中 1、2、12 号钢筋都是 71 根,但是由于挡墙的结构是对称的,因此剖出 36 个截面就可以了,这 36 个截面的 1、2、12 号钢筋绘制完成后全部选中,在平面剖面图中用"镜像"命令把另一半钢筋补齐。图 12-39 展示的是一个截面中 1、2、12 号钢筋的形状。

13 号钢筋需要在立面剖面图中绘制,绘制好以后还要在平面图以及侧面剖面图中调整位置以及数量。图 12-40 为 13 号钢筋形状以及调整后的立面图。

13 号钢筋放置好后,耳背墙的钢筋就放置完成了。

## 二、台身钢筋的创建

台身的结构是关于桥台中轴线对称的,因此放置好一边的钢筋之后用"镜像"命令将另一边钢筋放置好即可。台身钢筋共有 10 种,这 10 种钢筋都是钢筋库中没有的,因此需要在三视图剖面中通过【绘制钢筋】命令在辅助线的参照下绘制出来,然后根据各个钢筋在图纸上的位置以及数量对各个钢筋在三视图剖面中加以调整。绘制的过程就不再赘述。图 12-41~图 12-43 为三视图剖面中台身绘制并调整好后的钢筋。

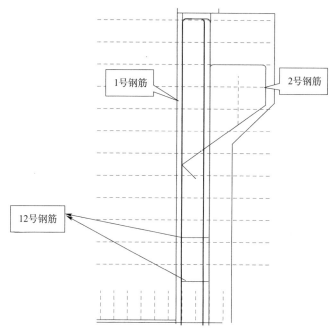

图 12-39　绘制 1、2、12 号钢筋

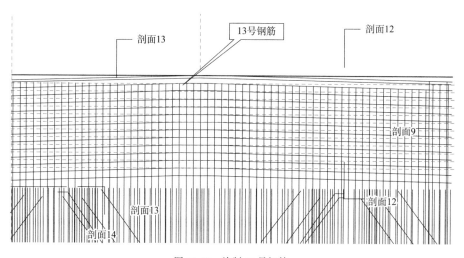

图 12-40　绘制 13 号钢筋

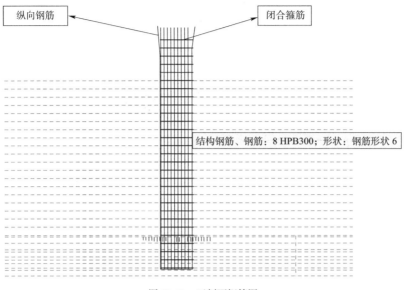

图 12-41 正剖面钢筋图

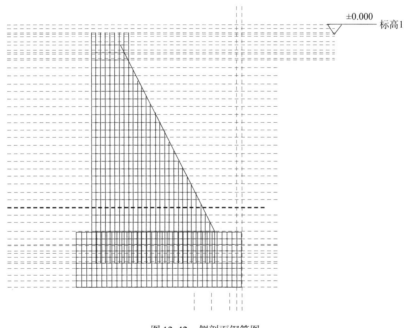

图 12-42 侧剖面钢筋图

## 三、承台钢筋的创建

承台平面是一个工字形,是对称的结构,因此承台钢筋的放置也可以通过把一边的钢筋放置好以后用"镜像"命令放置另一边的钢筋来完成。承台钢筋共有 9 种,其绘制过程与前面一样,都是根据图纸在三视图剖面中绘制钢筋,然后在其他剖面图中通过辅助线调整绘制出的钢筋。这里不一一介绍。

结合桥墩钢筋放置的方法,在钢筋的绘制与调整不断重复操作的情况下,桥台的钢筋经过逐个部位的放置就放置完成。其钢筋三维图如图12-44所示。

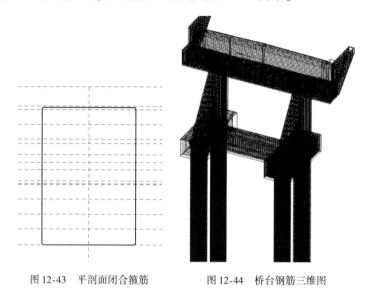

图12-43　平剖面闭合箍筋　　图12-44　桥台钢筋三维图

## 第三节　箱梁钢筋的创建

箱梁的钢筋分为顶板钢筋,腹板、底板钢筋,横隔板钢筋三部分。下面以无伸缩缝箱梁内梁钢筋的放置为例,介绍箱梁钢筋的放置方法及操作步骤。

### 一、顶板钢筋的创建(2、3、6、7号钢筋)

(1)将创建好的无伸缩缝内梁的族载入项目中,载入步骤前面已经说明,这里就不再赘述。分别在辅助线的参考下按照图纸中的钢筋图在箱梁南立面剖出内梁端部和中部的截面,如图12-45、图12-46所示。

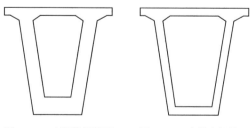

图12-45　内梁端部截面　　图12-46　内梁中部截面

(2)端部截面剖出来之后,根据图纸上顶板钢筋的位置以及数量做好辅助线,以便于钢筋的放置。

(3)做好辅助线后,剖出箱梁顶板的立面图,并做辅助线。

（4）在做好辅助线的箱梁截面图中绘制出 2 号钢筋，如图 12-47 所示。

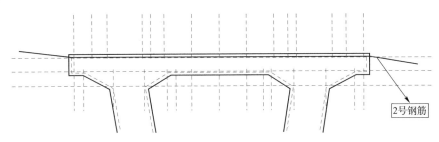

图 12-47　绘制 2 号钢筋（箱梁）

（5）绘制好 2 号钢筋后，在箱梁顶板的立面图中调整其位置与数量。首先选中在立面图中绘制出来的 2 号钢筋，如图 12-48 所示，然后根据图纸中的数量及间距进行编辑，如图 12-49 所示。

图 12-48　2 号钢筋在立面图中的布局

图 12-49　编辑钢筋数量及间距

（6）6 号钢筋是直钢筋，可以从钢筋库中选择，并在箱梁截面图中辅助线参照下放置，由于 6 号钢筋是与截面垂直的，因此选择放置方向为垂直于保护层，如图 12-50 所示。放置好后的钢筋如图 12-51 所示。

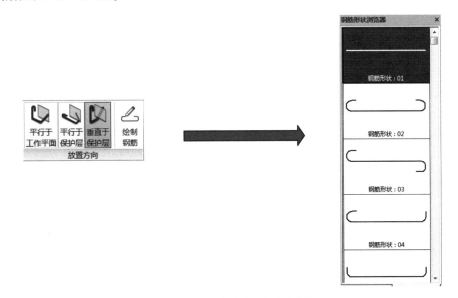

图 12-50　选择钢筋放置方向及形状

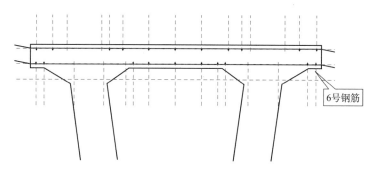

图 12-51　放置好的 6 号钢筋

(7) 3 号钢筋的形状也是钢筋库里没有的,因此需要在箱梁剖面图中绘制。由于箱梁端部和中部以及变截面处腹板厚度不一样,所以 3 号钢筋的尺寸也是不一样的。变截面处存在多个 3 号钢筋,因此需要在变截面立面图中剖出多个截面图分别绘制出 3 号钢筋的形状。而在等截面的端部和中部只需要分别在两个截面图中绘制出 3 号钢筋,然后在顶板立面图中通过编辑钢筋布局调整 3 号钢筋的位置及数量即可。操作过程如下:

单击【绘制钢筋】按钮,在剖面图中绘制 3 号钢筋,如图 12-52 所示。顶板立面图中的 3 号钢筋如图 12-53 所示。

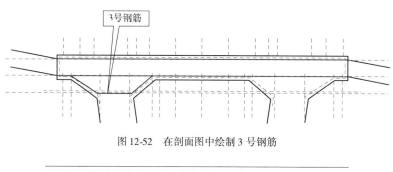

图 12-52　在剖面图中绘制 3 号钢筋

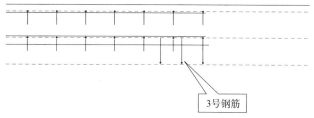

图 12-53　顶板立面图中布局 3 号钢筋

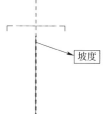

图 12-54　绘制 7 号钢筋

(8) 7 号钢筋是纵向钢筋,由于变截面的存在,7 号钢筋不是一根直钢筋,而是存在一定的坡度。钢筋库中没有该形状的钢筋,因此也需要绘制。其绘制需要在顶板平面剖面图中进行,所以需要先剖出顶板的平面图,然后根据图纸中 7 号钢筋的尺寸以及位置将 7 号钢筋绘制出来,如图 12-54 所示。

(9) 7 号钢筋绘制好以后,用"镜像"命令把内梁另一端的 7 号钢筋放置好即可。图 12-55 为内梁顶板钢筋截面图。

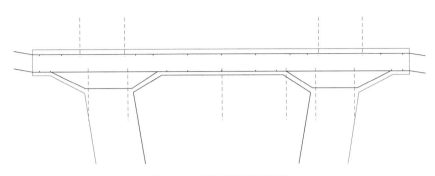

图 12-55　内梁顶板钢筋截面图

## 二、腹板、底板钢筋的创建

腹板、底板钢筋由直钢筋和一些需要绘制的闭合箍筋(呈平行四边形或梯形状)。一般来说,腹板和底板采用组成,但早期设计也有采用外侧整体 U 形钢筋和内侧 U 形组拼的连接钢筋构造形式,本书选择 U 形钢筋和连接钢筋进行示例说明,闭合箍筋操作类似。由于梁存在变截面,因此端部等截面、中部等截面以及变截面处钢筋的放置会有所不同。下面介绍一下腹板和底板钢筋的放置。

(1)直钢筋的放置

直钢筋与箱梁截面是垂直的关系,因此直钢筋的放置就是在箱梁截面图中选取钢筋库中的直钢筋再借助辅助线放置。图 12-56 为放置好的 1、2、4、6 号钢筋。

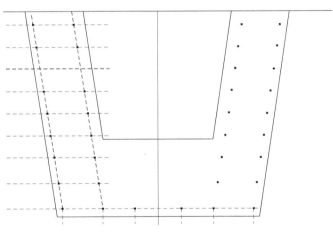

图 12-56　腹板直钢筋布置图

1、2、4、6 号钢筋的放置是先做好左半部分的辅助线,然后放好左半部分的钢筋,放好后对所有钢筋用"镜像"命令即可得整个截面的钢筋。

(2)U 形钢筋的放置

由于腹板厚度不同,U 形钢筋的位置也不同。因此放置 U 形钢筋要在变截面处剖出多个截面,在等截面处只需剖出端部和中部两个截面然后在立面图中编辑绘制出的 U 形钢筋的布局即可。图 12-57、图 12-58 为绘制(端部)U 形钢筋以及编辑其布局的操作。

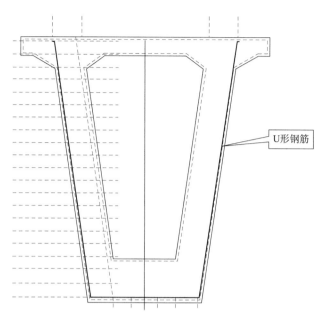

图 12-57　端部 U 形钢筋的绘制

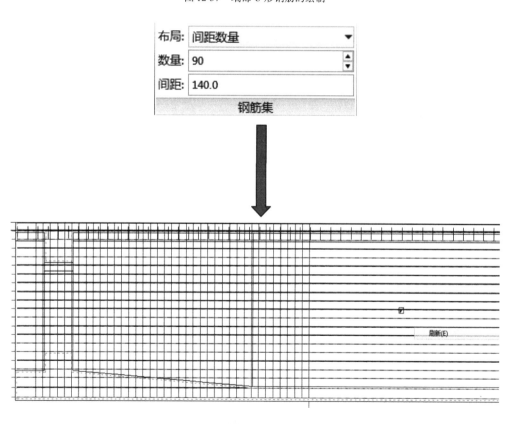

图 12-58　端部 U 形钢筋布局编辑

重复上述步骤将中部以及变截面处 U 形钢筋绘制出来，最后调整 U 形钢筋在立面图上的位置及数量。U 形钢筋立面图如图 12-59 所示。

图 12-59　U 形钢筋立面图

(3) 连接钢筋的放置

连接钢筋的放置步骤与 U 形钢筋相同,需要分成三个部分,即端部、变截面处、中部。其中端部和中部的连接钢筋还是通过选取一个截面绘制出连接钢筋,然后在立面图中编辑布局来放置,变截面处的钢筋则需要剖出多个平面分别绘制出连接钢筋。图 12-60 为连接钢筋的形状。

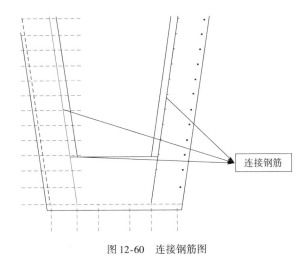

图 12-60　连接钢筋图

连接钢筋放置好后,腹板和底板的钢筋就放置完成了。图 12-61 为箱梁顶板、腹板和底板的钢筋三维图。

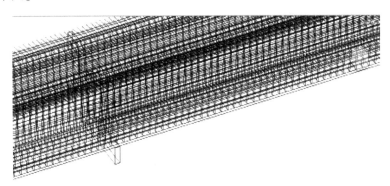

图 12-61　箱梁顶板、腹板和底板钢筋三维图

## 三、横隔板钢筋的创建(以中横隔板为例)

横隔板钢筋由直钢筋、闭合箍筋、连接钢筋组成。直钢筋在辅助线的参照下直接放置,

闭合箍筋及连接钢筋需要在截面图上绘制出来,并要在截面的侧面剖面图中调整位置和数量。下面为中横隔板钢筋放置的过程。

(1)剖出中横隔板的截面并做好辅助线,如图12-62所示。

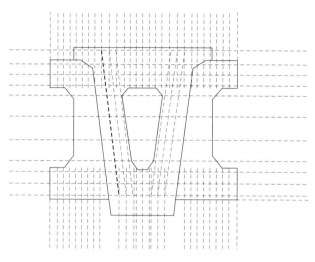

图12-62　中横隔板截面

(2)直钢筋的放置。

选中钢筋库中的直钢筋,放置方向选择【垂直于保护层】,直钢筋则在截面中呈点状,在辅助线的参照下放置直钢筋,如图12-63所示。

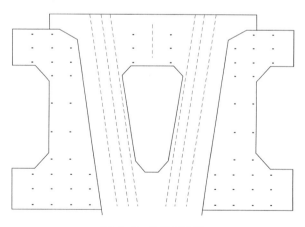

图12-63　放置直钢筋

平行于截面的钢筋需要在截面图中根据图纸的要求绘制出来,再做出截面的侧剖面图后用"复制"命令调整其位置与数量,如图12-64、图12-65所示。

由于上述步骤中比较短的钢筋在截面图中是对称的,所以左边的钢筋由右边的镜像而来。选中右边的钢筋,用"镜像"命令关于中轴线将左边的钢筋放置完全,如图12-66所示。

(3)闭合箍筋的放置。

此横隔板的箍筋有3种,要想绘制出箍筋,需要在截面图上剖出侧面图,在侧面图中绘制箍筋,如图12-67所示。

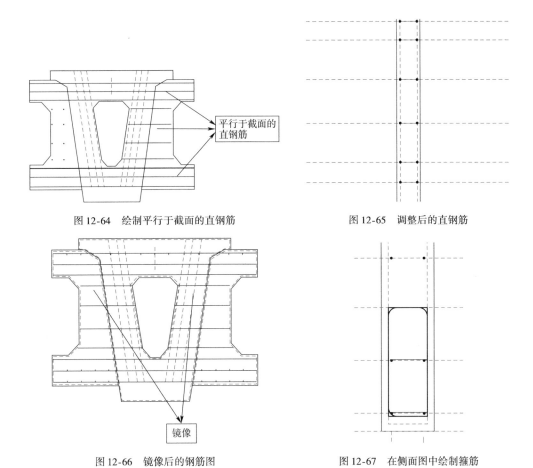

图 12-64　绘制平行于截面的直钢筋　　　　图 12-65　调整后的直钢筋

图 12-66　镜像后的钢筋图　　　　图 12-67　在侧面图中绘制箍筋

箍筋绘制完毕后,进入横隔板截面图,在辅助线的参照下用"复制"命令调整箍筋的位置以及数量,如图 12-68 所示。

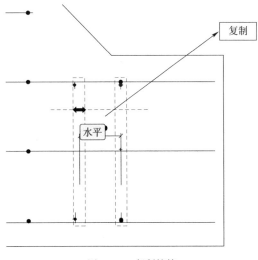

图 12-68　复制箍筋

其他两种箍筋也是经过先在侧面图中绘制,然后到截面图中通过"复制"命令调整位置与数量的操作步骤放置的。

(4)连接钢筋的放置。

首先在截面图中绘制出一边的连接钢筋,如图12-69所示。

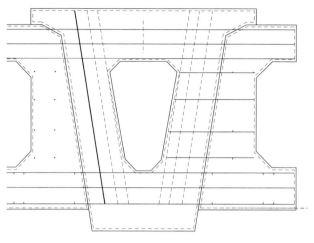

图12-69　绘制连接钢筋

绘制完后,在侧面图中找到连接钢筋,对其布局进行编辑,编辑好之后在截面图中用"复制"和"镜像"命令放好其他位置的连接钢筋,如图12-70、图12-71所示。

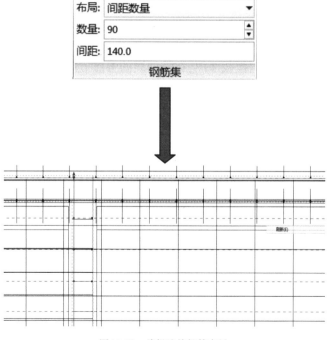

图12-70　编辑连接钢筋布局

一边的连接钢筋放置好后,选中所有的连接钢筋,用"镜像"命令放好另一边的连接钢筋。

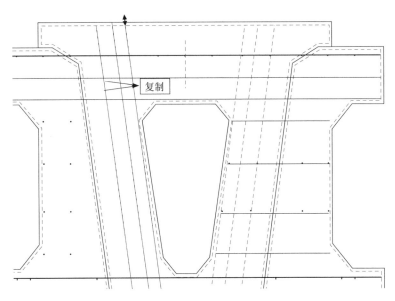

图 12-71 复制得到一边的连接钢筋

三种钢筋放好后,中横隔板的钢筋就放置完成了,端横隔板钢筋的放置方法和步骤与中横隔板相同,重复上面步骤就可以放置端横隔板钢筋。图 12-72 为箱梁内梁钢筋三维图。

图 12-72 箱梁内梁钢筋三维图

# 第四节 桥面、人行道钢筋的创建

## 一、桥面钢筋的创建

桥面钢筋都是直钢筋,分为横向和纵向放置。两种钢筋全在一个平面内,因此放置桥面钢筋要剖出桥面的平面图,然后按照图纸中钢筋的尺寸和数量通过绘制并调整钢筋来进行。下面介绍桥面钢筋放置的过程。

(1)打开 Revit 软件,新建一个项目,将保存的桥面族文件载入新建项目中,如图 12-73 所示。

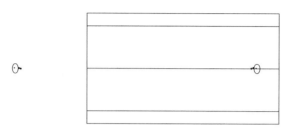

图 12-73　在新项目中放置桥面族文件

(2)在桥面左立面图中根据图纸中钢筋所在平面剖出桥面的平面图,如图 12-74 所示。

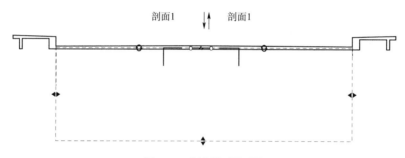

图 12-74　剖出桥面平面图

(3)打开水平剖面,在其上做辅助线,以便于钢筋的放置以及调整。做好辅助线后分别绘制出 1、2 号钢筋,如图 12-75、图 12-76 所示。

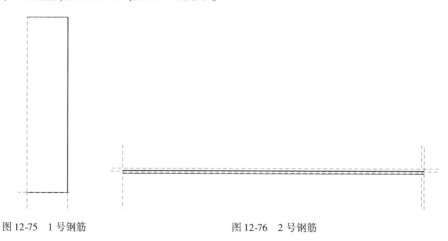

图 12-75　1 号钢筋　　　　　　　　图 12-76　2 号钢筋

(4)1、2 号钢筋绘制出来后,按照图纸中 1、2 号钢筋的间距及数量通过"复制"命令分别放置完成 1、2 号钢筋。调整好的 1、2 号钢筋图如图 12-77 所示。

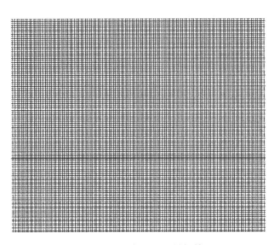

图 12-77　放置好的 1、2 号钢筋图

## 二、人行道钢筋的创建

与桥面钢筋相比,人行道钢筋的种类比较多,不仅有直钢筋,还有箍筋。人行道钢筋的放置过程如下:

(1)剖出人行道立面图,在立面图中做好辅助线,把直钢筋放置好,如图 12-78 所示。

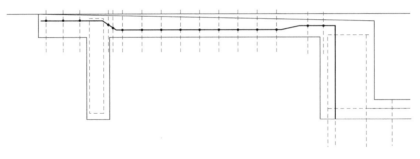

图 12-78　放置好的直钢筋立面图

(2)通过"镜像"命令把另一边的直钢筋放置好。

(3)在立面图中绘制出箍筋,绘制完后选中箍筋,通过调整箍筋的布局来控制其位置与数量。图 12-79 ~ 图 12-81 所示为三种箍筋的绘制与放置过程。

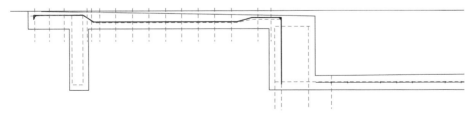

图 12-79　第一种箍筋绘制图

三种箍筋绘制好后,选中它们进行构件布局的编辑,如图 12-82 所示。

(4)箍筋布局编辑好后,选中布局好的箍筋,用"镜像"命令在立面剖面图中放置好另一边的箍筋,桥面两侧人行道钢筋立面图如图 12-83 所示。

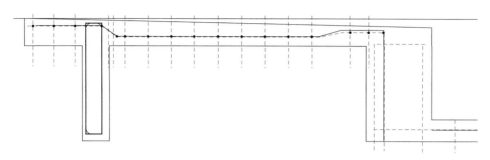

图 12-80　第二种箍筋绘制图

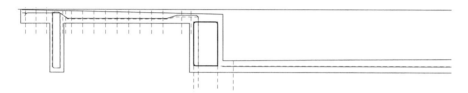

图 12-81　第三种箍筋绘制图

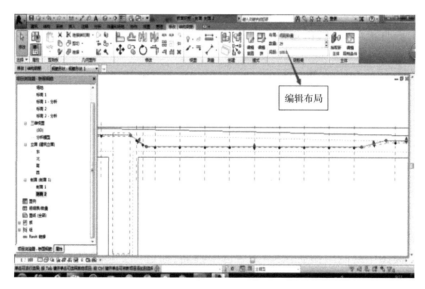

图 12-82　编辑箍筋布局

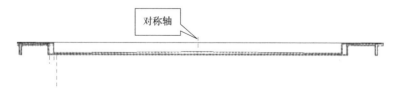

图 12-83　人行道钢筋立面图

钢筋放置完成后保存该新建项目。

# 第五节 护栏钢筋的创建

护栏钢筋分为立柱钢筋、栏杆花板钢筋,因此放置护栏钢筋要分别放置好两个部分的钢筋。下面介绍护栏钢筋的放置过程。

## 一、立柱钢筋的创建

(1)剖出栏杆立柱的立面图,然后在立面图中绘制出立柱的立面箍筋,如图12-84所示。

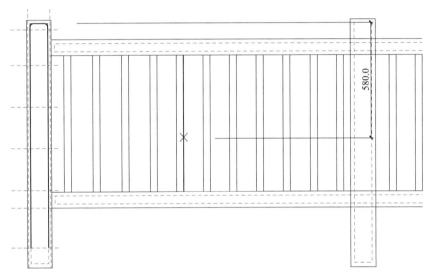

图12-84 一个立柱立面箍筋

(2)立面箍筋绘制好后,做出立柱的平面剖面图,在平面剖面图中绘制出立柱的水平箍筋,如图12-85、图12-86所示。

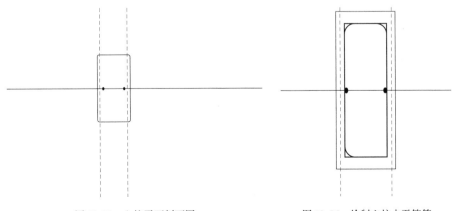

图12-85 立柱平面剖面图　　　　图12-86 绘制立柱水平箍筋

（3）水平箍筋绘制好后，在立柱立面图中用"复制"命令调整水平箍筋的位置及数量，如图 12-87 所示。

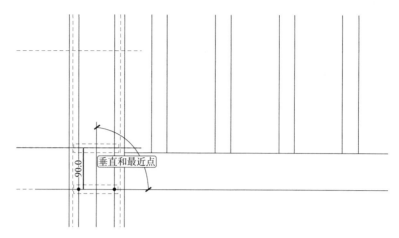

图 12-87　将箍筋复制到参照线上

（4）水平箍筋放好后，一根立柱的钢筋就放置好了。选中这根立柱的所有钢筋，用"复制"命令将钢筋放置到其他立柱上，如图 12-88 所示。

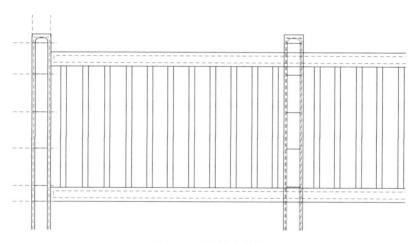

图 12-88　复制立柱钢筋

## 二、栏杆花板钢筋的放置

（1）在立面图中绘制出立面处的钢筋，如图 12-89、图 12-90 所示。
（2）绘制好 2 号钢筋后，用"复制"命令将两根立柱之间的 2 号钢筋放置完。
（3）剖出栏杆的侧面图，移动调整放置栏杆花板侧面处的 3 号钢筋，如图 12-91 所示。
（4）3 号钢筋放置好后，两根立柱之间的栏杆花板钢筋就放置完成了。选中栏杆花板所有钢筋，用"复制"命令将其他立柱之间的栏杆花板钢筋放置完，放置完成后保存文件。

构件放置完成后，进行桥梁构件的拼接。

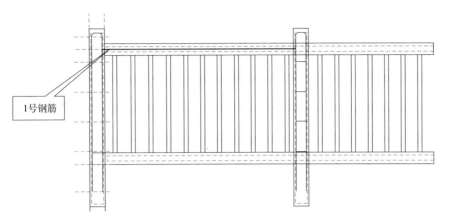

图 12-89　绘制 1 号钢筋

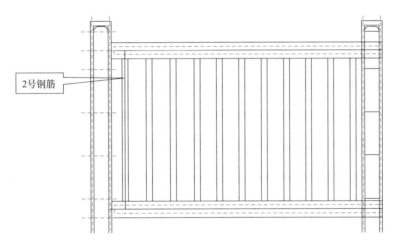

图 12-90　绘制 2 号钢筋

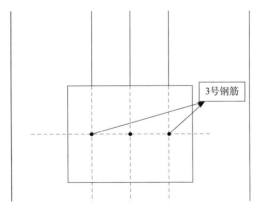

图 12-91　放置 3 号钢筋

# 第十三章 桥梁预应力筋的创建

## 第一节 预应力筋的介绍

我国《公路桥涵施工技术规范》(JTG/T 3650—2020)中推荐使用的预应力筋有高强度钢丝、钢绞线和精轧螺纹钢筋。下面介绍钢绞线和精轧螺纹钢筋。

钢绞线是由2、3、7根高强钢丝扭结而成并消除内应力后的盘卷钢丝束,我国生产的钢绞线分为普通松弛和低松弛两种。最常用的是由6根钢丝围绕1根芯丝沿一个方向扭结而成的7股钢绞线。7股钢绞线由于面积较大、柔软,可适用于先张法和后张法,施工操作方便,已成为国内外应用最广泛的一种预应力筋。

精轧螺纹钢筋是一种热轧成沿钢筋纵向带有不连续的外螺纹的直条钢筋,其在任意截面处均可用带有形状匹配的内螺旋连接器或锚具进行连接或锚固,因此不需要再加工螺钉,也不需要焊接。目前,这种钢筋是预应力混凝土桥梁中最常用的高强钢筋。它主要用于大跨径预应力混凝土连续箱梁桥腹板中,如在箱梁腹板设置竖向预应力筋。中小跨径预应力混凝土桥梁如上部结构为预制小箱梁腹板无须设置。为方便起见,本章节以预制箱梁截面为例统一说明箱梁预应力筋的创建方法。

## 第二节 箱梁顶板横向和腹板竖向预应力筋的创建

### 一、箱梁顶板横向预应力筋的创建

箱梁顶板预应力筋采用的是钢绞线,下面就介绍顶板的横向预应力筋绘制。

(1)在前面族构建中已经创造出了无伸缩缝内梁模型,现将该模型导入【结构样板】项目文件中,并对模型进行剖面,如图13-1所示。

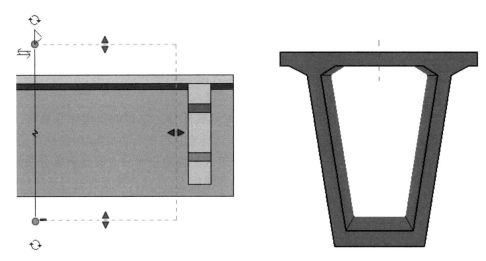

图 13-1 箱梁剖面的创建

（2）按照图纸中预应力筋的位置和尺寸数据，在箱梁顶板中绘制横向预应力筋，如图 13-2 所示。

图 13-2 箱梁顶板横向预应力筋

## 二、箱梁腹板竖向预应力筋的创建

箱梁腹板竖向预应力筋采用的精轧螺纹钢筋，下面介绍腹板的竖向精轧螺纹钢筋的绘制。

（1）在前面族构建中已经创造出了无伸缩缝内梁模型，现将该模型导入【结构样板】项目文件中，并对模型进行剖面，如图 13-1 所示。

（2）按照图纸中预应力筋的位置和尺寸数据，在箱梁的腹板中绘制竖向预应力筋，如图 13-3 所示。

箱梁顶板和腹板处其他预应力筋都可以通过类似的方法创建，还可以结合"复制"以及"镜像"等命令，提高预应力钢筋创建的效率。

图 13-3 箱梁腹板竖向预应力筋

## 第三节 预应力钢束的创建

箱梁预应力钢束放置在预应力管道中，因此放置预应力钢束需要先把预应力管道创建出来,然后根据图纸绘制出预应力钢束,最后通过做辅助线将预应力钢束移动到适当位置。下面介绍预应力钢束的放置过程(以无伸缩缝内梁为例)。

## 一、封锚结构的创建

预应力锚固体系是预应力混凝土技术的重要组成部分。完善的锚固体系通常包括锚具、夹具、连接器及锚下支撑系统。其中张拉端锚具具有良好的锚固性能和张拉自锚性能。张拉端锚具由夹片、锚环、锚垫板及螺旋筋四部分组成。为防止水分及其他有害介质侵入梁体,腐蚀锚具及外露钢绞线,待孔道压浆工作完毕并经检查合格后,须及时进行梁体封锚。

(1)在前面族构建中已经创造出了无伸缩缝内梁模型,封锚的创建是在无伸缩缝内梁的基础上完成的,封锚的构造相当于一个空心的不规则的立方体,用【空心放样】命令将其绘制出来(图 13-4),编辑轮廓时根据图纸中封锚的立面图进行。首先打开无伸缩缝内梁的文件,在【参照标高】界面绘制出空心放样的路径,因为封锚立面与梁截面垂直,因此路径与梁的绘制路径垂直,路径的长度为顶板截面的长度。路径绘制好后根据封锚立面图编辑轮廓,如图 13-5 所示。

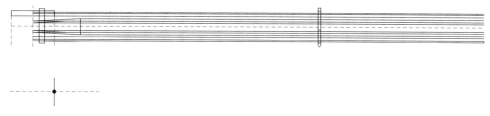

图 13-4　绘制封锚路径

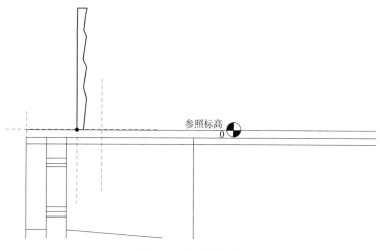

图 13-5　编辑封锚轮廓

(2)封锚绘制完成后,在前立面图和左立面图中用【移动】命令调整封锚的位置,当前立面封锚位置调整好后,打开左立面图调整封锚位置,将封锚移动到适当位置,如图 13-6、图 13-7 所示。

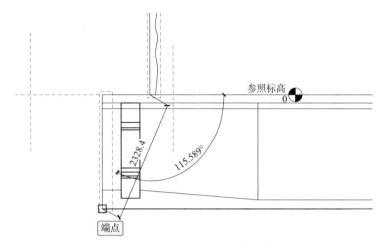

图 13-6 前立面图中调整封锚位置

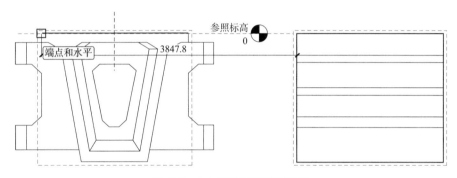

图 13-7 左立面图中调整封锚位置

（3）封锚位置调整好后，用【剪切】命令沿封锚绘制路径剪掉封锚处内梁实心部分，如图 13-8 所示。

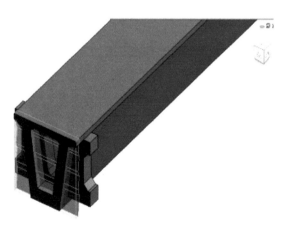

图 13-8 剪切封锚处内梁实心部分

（4）剪切后打开前立面图，选中封锚轮廓，用"镜像"命令绘制出另一端封锚，如图 13-9 所示。

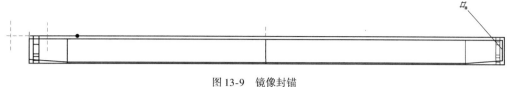

图 13-9 镜像封锚

## 二、预应力管道的创建

(1) 预应力管道是一个空心的圆管,用【空心放样】命令绘制。首先根据图纸中钢束立面图在【参照标高】界面上绘制出空心放样路径,然后根据图纸中管道半径绘制出轮廓,如图 13-10 所示。

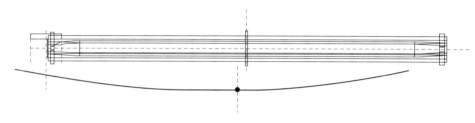

图 13-10 绘制预应力管道放样路径

(2) 由于绘制的管道在空间上的弯起部分是水平放置的,而实际的管道是竖直放置的,为了让管道竖直放置,在左立面图中选中管道用【旋转】命令将其顺时针旋转,使其与腹板倾斜部分平行,如图 13-11 所示。

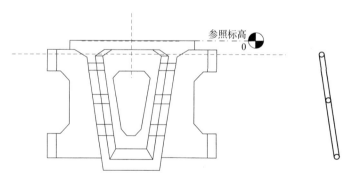

图 13-11 旋转预应力管道

(3) 管道旋转后,在前立面图与左立面图中移动管道,使其放置到图纸中的位置,如图 13-12、图 13-13 所示。

(4) 管道移动到准确位置后,在左立面图中选中管道,镜像出另一端的管道。

(5) 上述步骤为一个预应力管道的绘制过程,其余预应力管道创建按照该管道的创建步骤操作即可。

## 三、预应力钢束的绘制

封锚与管道创建好后,将该内梁族载入新建项目当中,在项目立面图中绘制预应力钢束。在预应力钢束的创建中采用了"以直代曲,直线逼近"的思路,这种思路也适用于其他曲线形式的桥梁构件的创建,例如悬索桥的主缆、拱桥的拱肋、曲线梁桥等。下面介绍预应力钢束的绘制与放置步骤。

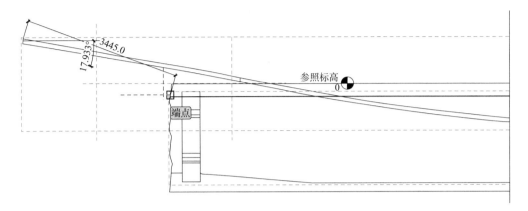

图 13-12 在前立面图中移动管道

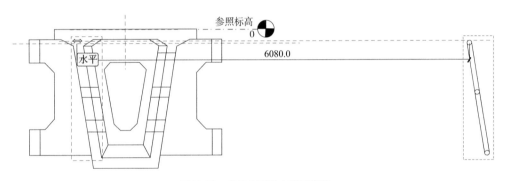

图 13-13 在左立面图中移动管道

(1)预应力钢束由直线和曲线两种线型形成,由于 Revit 绘制钢筋时只能识别一种曲线,所以曲线部分采用直线逼近的方法模拟出来。操作步骤为先在剖面中用曲线和直线绘制出钢筋的形状,然后把曲线部分分成若干短直线连接起来,如图 13-14~图 13-16 所示。

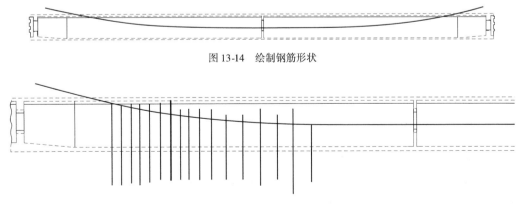

图 13-14 绘制钢筋形状

图 13-15 直线逼近画曲线

图 13-16　直线逼近连接后的曲线

（2）钢筋绘制好后，选中钢筋并旋转使其与管道平行，然后在左剖面图与立面剖面图中按照预应力管道的位置将钢筋移动到管道中。

首先在前立面图中找到绘制的钢筋，选中钢筋，对钢筋进行移动，如图 13-17 所示。

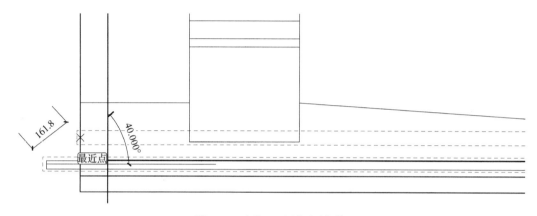

图 13-17　在前立面图中移动钢筋

前立面图中调整好钢筋后，进入左立面图，将钢筋移动到预应力管道中，如图 13-18 所示。

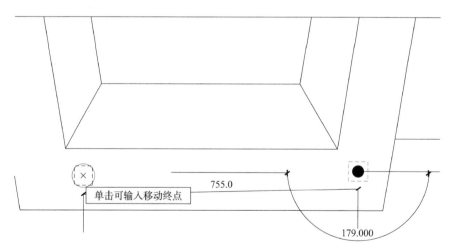

图 13-18　在左立面图中移动钢筋

移动钢筋后，预应力钢束三维图如图 13-19 所示。

按照上述预应力管道以及预应力钢束的绘制过程，将箱梁其他位置的预应力钢筋放置完成。如果是对称布置的预应力钢束，可以采用"镜像"命令来提高效率。

上面介绍了无伸缩缝箱梁内梁钢筋的放置步骤及操作，无伸缩缝外梁与有伸缩缝梁的钢筋放置方法及操作与上述步骤相同,这里就不再做详细的介绍。钢筋放置好后保存文件。

图 13-19 预应力钢束三维图

# 第十四章 桥梁构件的拼装

前面介绍了桥梁构件的创建以及钢筋的放置,这些步骤都是拼装的准备工作。使用这些已经包含钢筋的桥梁构件,可以拼接成一座桥。桥梁拼装步骤中最主要的是根据图纸掌握各个构件之间的相对位置,进行准确的放置。然后通过 Revit 中的命令将已经建好的项目与族导入一个项目中,对于需要导入的项目采用【链接 Revit】命令,对于需要导入的族采用【载入族】命令。通过这两个命令和对构件位置的编辑修改就能拼接成一座完整的桥梁,其中用于拼接的构件包括箱梁、桩柱式桥墩、桩基肋板式桥台、桥面、栏杆。这里以预制小箱梁桥为例,介绍一孔桥梁拼装的过程。

## 第一节 桩柱式桥墩和桩基肋板式桥台的放置

(1)打开 Revit 的启动界面,选择【项目】下的【结构样板】,如图 14-1 所示。

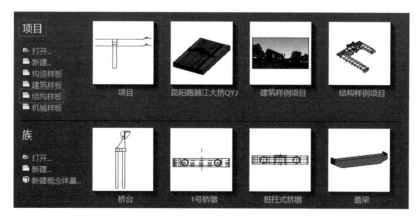

图 14-1 Revit 启动界面

(2)由于桥墩已经放好了钢筋,属于项目文件,所以进入新建项目界面后,依次单击【插入】选项卡→【链接 Revit】命令(图 14-2),将会弹出【导入/链接 RVT】对话框(图 14-3)。

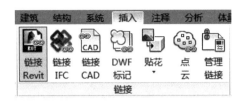

图 14-2 【链接 Revit】命令

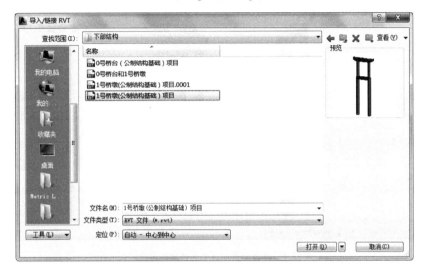

图 14-3 【导入/链接 RVT】对话框

(3)选择需要载入的桩柱式桥墩项目文件,单击【导入/链接 RVT】对话框右下角的【打开】,把桩柱式桥墩放置在【结构样板】的绘图区中,如图 14-4 所示。

图 14-4 放置在新项目中的桩柱式桥墩

（4）重复步骤（2）和（3），选择文件，将桩基肋板式桥台链接到该项目文件中，如图 14-5 所示。

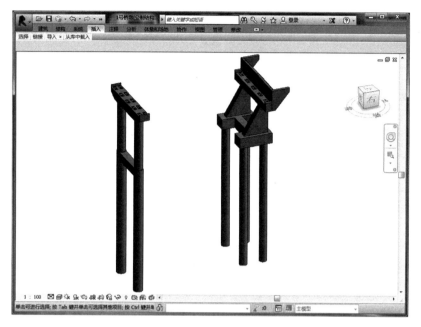

图 14-5　放置在新项目中的桩基肋板式桥台

（5）通过【移动】命令使桩柱式桥墩与桩基肋板式桥台的支座在北立面图中重叠在一起。

①在【项目浏览器】中单击【立面|北】（图 14-6），进入【北立面】视图界面，单击界面下方的视图控制栏中的"视图样式"按钮，会弹出下拉列表，选择【线框】模式（图 14-7），这样就可以看见所有模型中的线条，避免两模型相互遮挡从而影响模型的移动。

图 14-6　【项目浏览器】对话框

图 14-7　"视图样式"下拉列表

②选中桩柱式桥墩，单击【修改】面板中的【移动】命令，点击桩柱式桥墩左侧第一个支

座上的一点,拖动桩柱式桥墩,并使选中点与桩基肋板式桥台左侧第一个支座上的相同点重合。移动前后两者的相对位置如图 14-8、图 14-9 所示。

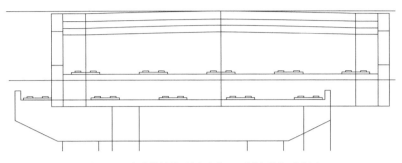

图 14-8　移动前桥墩、桥台在北立面图中的相对位置

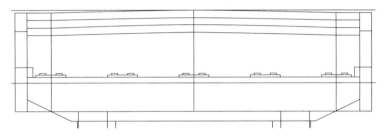

图 14-9　移动后桥墩、桥台在北立面图中的相对位置

(6)在【项目浏览器】中单击【立面|西】,进入【西立面】视图界面。做好两条辅助线(桥墩中心线和桥台支座中心线),测量桥墩中心线与桥台支座中心线之间的水平距离(图 14-10)。根据图纸中一孔桥的跨径移动桥墩的位置,使得桥墩与桥台支座中心线之间的水平距离为桥梁一孔的跨径,如图 14-11 所示。

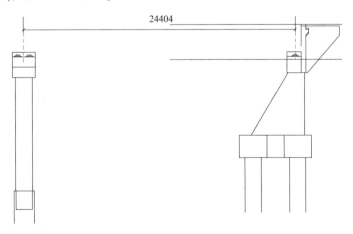

图 14-10　测量桥墩、桥台支座中心线之间的距离(尺寸单位:mm)

(7)至此,桩柱式桥墩与桩基肋板式桥台在新的项目中就放置好了。最后依次单击"应用程序菜单"按钮→【另存为】→【项目】,弹出【另存为】对话框,将该项目文件命名为"下部结构",单击右下角的【保存】,即可完成对该项目文件的保存,如图 14-12 所示。

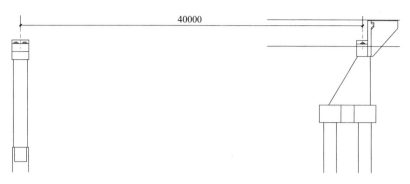

图 14-11　移动桩柱式桥墩（尺寸单位：mm）

图 14-12　保存"下部结构"项目文件

## 第二节　箱梁的拼接

桩柱式桥墩和桩基肋板式桥台放置好之后，紧接着就是箱梁的架设，本桥是由横断面为 5 片斜腹板闭合箱梁拼接而成的，因此在本桥桥墩安放好之后，应进行这 5 片箱梁的拼接。由于箱梁的横向梁中距是 3m，因此在拼接时要保证梁中距为 3m。此过程运用的命令与桥墩的放置采用的命令相同，分别是【链接 Revit】、【移动】、【测量】三种命令。但是由于 5 片箱梁的内梁是一样的，因此可以对链接的内梁复制两次，比桥墩的放置过程多用了【复制】命令。下面讲述箱梁的拼接过程。

### 一、内梁的放置

打开包含钢筋内梁的项目文件，进入内梁的西立面视图。选中内梁，对内梁进行复制，复制的距离为水平方向偏移 3000（mm），复制两次，如图 14-13 所示。这样箱梁拼接中内梁的相对位置就确定了。复制时注意要将内梁的轮廓与放置的钢筋全部选中，防止出现复制后的内梁中没有放置钢筋。复制好一个内梁后，敲击 Enter 键，继续进行内梁的复制，按照图纸中内梁间的距离复制后的内梁如图 14-14 所示。

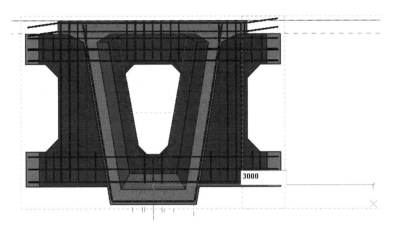

图 14-13　复制内梁

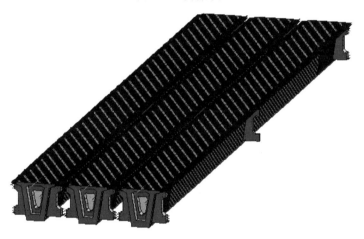

图 14-14　复制好的内梁

## 二、外梁的放置

（1）在内梁放置完之后，需进行外梁的放置，放置外梁采用的是【链接 Revit】命令。单击【插入】选项卡中的【链接 Revit】命令，弹出【导入/链接 RVT】，将外梁载入内梁的项目文件中，如图 14-15 所示。

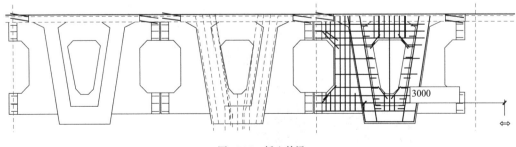

图 14-15　插入外梁

（2）测量完内、外梁之间的距离后，根据内、外梁在东立面图中的距离移动外梁，使得外梁与最边侧内梁之间的距离满足图纸要求。移动过程中要选好移动的基点,基点选好后根据辅助线将外梁移动到准确位置,如图14-16所示。

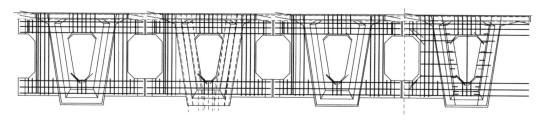

图14-16 在东立面图中移动外梁

(3)在北立面图中,选中外梁,然后通过移动外梁,使外梁端部截面与内梁端部截面在同一平面上,并且外梁的顶板顶部平面与内梁的顶板顶部平面处在同一平面上,如图14-17所示。

图14-17 在北立面图中移动外梁

(4)调整好一侧外梁的位置后,在西立面图中选中外梁,单击"镜像-拾取轴"命令,拾取最中间内梁的轴对称辅助线,完成外梁的镜像,放置好另一侧的外梁,如图14-18所示。

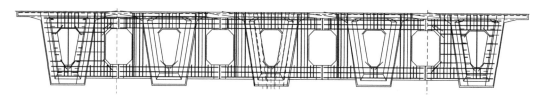

图14-18 镜像外梁

拼接好的内、外梁三维模型如图14-19所示,将拼接好的梁另存为"上部结构"项目文件,方便以后拼装正桥时调用。

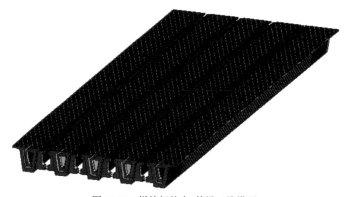

图14-19 拼接好的内、外梁三维模型

## 第三节  桥面、栏杆的拼接

桥面与栏杆属于桥面系,在实际施工过程中,桥面系是在上部结构建好以后才开始施工的,但在建模过程中为了方便整座桥的拼接,减少拼接的操作过程,提高建模的效率,可以将桥面和栏杆拼接好并形成一个"桥面系"项目文件。

本桥的桥面系拼接采用的命令是【链接 Revit】、【移动】、【测量】、【镜像】命令。由于桥面两侧的栏杆是以道路中心线对称分布的,因此在放置好桥面一端的栏杆后,只需选中放置好的栏杆,在西立面视图界面下点击"镜像"命令,然后用鼠标左键单击道路中心线的参照线就可完成桥面和栏杆的拼接。创建完成后另存为"桥面和栏杆"项目文件,方便以后全桥模型的拼接。

(1)打开 Revit 的启动界面,选择【项目】下的【结构样板】,创建一个新的项目文件,如图 14-1 所示。

(2)在新项目中用【链接 Revit】命令将桥面导入新的【结构样板】项目文件中,如图 14-20 所示。

图 14-20  导入的桥面

(3)使用【链接 Revit】将栏杆导入新的【结构样板】项目文件中,如图 14-21 所示。

(4)导入桥面和栏杆后,在西立面图中通过移动栏杆调整其与桥面的相对位置,使两者拼接起来,如图 14-22 所示。

(5)打开南立面图,使用【移动】命令调整两者在南立面图中的相对位置,如图 14-23 所示。

(6)在西立面图中,选中已放置好的一侧栏杆,使用"镜像-拾取轴"命令,选择桥面的中轴线,完成另一侧栏杆的放置,如图 14-24 所示。

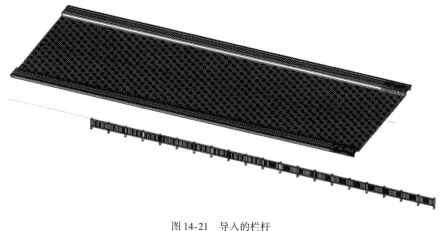

图 14-21　导入的栏杆

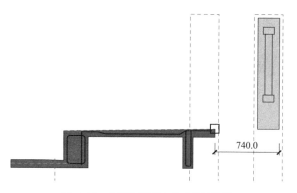

图 14-22　在西立面图中移动栏杆位置

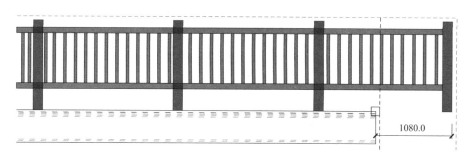

图 14-23　在南立面图中移动栏杆位置

图 14-24　栏杆的镜像

镜像栏杆之后，就完成了桥面与栏杆的拼接，将拼接好的桥面和栏杆另存为"桥面和栏杆"项目文件。拼接好后的桥面、栏杆三维模型如图 14-25 所示。

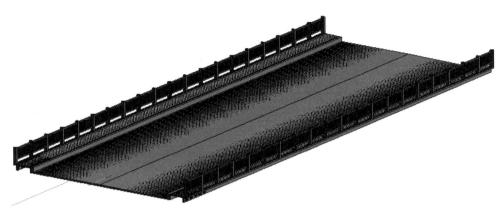

图 14-25 拼接好的桥面、栏杆三维模型

# 第四节 全桥的拼接

(1)打开已放置桩柱式桥墩与桩基肋板式桥台的【下部结构】项目文件,用【链接 Revit】命令导入由箱梁拼接而成的"上部结构"项目文件,如图 14-26 所示。

图 14-26 导入上部结构

(2)导入上部结构后,要在三视图中调整其与下部结构之间的位置关系。首先调整两者在北立面图中的位置关系(图 14-27),打开西立面图,移动上部结构,使上部结构的对称轴线与最中间支座的中心线重合,并保证箱梁底板的底部与支座上表面处在同一水平面内。

(3)打开东立面图,在东立面图中使用【移动】命令,继续调整上部结构与下部结构在东立面图中的相对位置，使上部结构的端部与桥墩的中轴线重合，如图14-28所示。

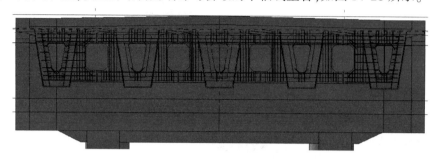

图14-27　上、下部结构在北立面图中的位置调整

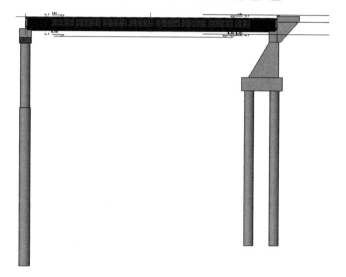

图14-28　调整上部结构的水平位置

（4）再次用【链接Revit】命令将"桥面和栏杆"项目文件导入该项目中，如图14-29所示。

图14-29　导入桥面和栏杆

（5）在立面图中调整桥面栏杆与箱梁之间的位置，具体步骤与前面相同。调整后的一孔桥梁三维图如图 14-30 所示。

图 14-30　调整后的一孔桥梁三维图

移动完之后，一孔桥就拼接完成了，本桥一共有 9 孔，其余 8 孔的拼接步骤与前述步骤相同，重复上述步骤，即可完成全桥的拼接。全桥的三维模型如图 14-31 所示。

图 14-31　拼接后的全桥三维模型

# 参 考 文 献

[1] 何关培,李刚. 那个叫 BIM 的东西究竟是什么[M]. 北京:中国建筑工业出版社,2011.
[2] 肖春红. Autodesk Revit Architecture 2015 中文版实操实练权威授权版[M]. 北京:电子工业出版社,2015.
[3] 黄亚斌,徐钦. Autodesk Revit Structure 实例详解[M]. 北京:中国水利水电出版社,2013.
[4] Autodesk,Inc.,柏慕中国. Autodesk Revit Architecture 2012 官方标准教程[M]. 北京:电子工业出版社,2012.
[5] Autodesk Asia Pte Ltd. Autodesk® Revit® 2012 族达人速成[M]. 上海:同济大学出版社,2012.
[6] 黄亚斌,徐钦. Autodesk Revit 族详解[M]. 北京:中国水利水电出版社,2013.
[7] 洪磊. BIM 技术在桥梁工程中的应用研究[D]. 成都:西南交通大学,2012.
[8] 张江波. BIM 的应用现状与发展趋势[J]. 创新科技,2016(1):83-86.
[9] 徐友全,孔媛媛. BIM 在国内应用和推广的影响因素分析[J]. 工程管理学报,2016,30(2):28-32.
[10] SHIM C S,YUN N R,SONG H H. Application of 3D bridge information modeling to design and construction of bridges[J]. Procedia Engineering,2011,14:95-99.
[11] SHIN H M,LEE H M,OH S J. Analysis and design of reinforced concrete bridge column based on BIM[J]. Procedia Engineering,2011,14:2160-2163.
[12] LEE K M,LEE Y B,SHIM C S,et al. Bridge information models for construction of a concrete box girder bridge[J]. Structure and Infrastructure Engineering,2012,8(7):687-703.
[13] 宋福春,陈冲,张兴,等. BIM 技术在大跨度斜拉桥设计中的应用[J]. 沈阳建筑大学学报(自然科学版),2016,32(1):115-123.
[14] 刘尚蔚,白硕,魏群. 基于 BIM 的某拉索桥族库构建方法与应用[J]. 中国水运(下半月),2016,16(10):189-190,194.
[15] 李恒,孔娟. Revit 2015 中文版基础教程[M]. 北京:清华大学出版社,2015.